SUSANNE HÜHN

Haz espacio a tu MUJER INTERIOR

Despierta en ti la sabiduría y la creatividad de tu feminidad

EDICIONES OBELISCO

Si este libro le ha interesado y desea que le mantengamos informado
de nuestras publicaciones, escríbanos indicándonos qué temas son de su interés
(Astrología, Autoayuda, Ciencias Ocultas, Artes Marciales, Naturismo,
Espiritualidad, Tradición…) y gustosamente le complaceremos.

Puede consultar nuestro catálogo en www.edicionesobelisco.com

Colección Espiritualidad y Vida interior
Haz espacio a tu mujer interior
Susanne Hühn

1.ª edición: febrero de 2023

Título original: *Raum für deine Innere Frau*

Traducción: *Montserrat Varela Navarro*
Maquetación: *Marga Benavides*
Corrección: *TsEdi, Teleservicios Editoriales, S. L.*
Diseño de cubierta: *Carol Briceño*

Edita: Ediciones Obelisco, S. L.
Collita, 23-25 Pol. Ind. Molí de la Bastida
08191 Rubí - Barcelona - España
Tel. 93 309 85 25
E-mail: info@edicionesobelisco.com

ISBN: 978-84-9111-969-2
Depósito Legal: B-22.889-2022

Impreso en INGRABAR
Passatge Arrahona, Nau 8-10
08210 Barberà del Vallès - Barcelona

Printed in Spain

Prólogo

Hoy es más importante que nunca que confiemos en nuestra propia sabiduría y que hagamos lo que nos hace sentir realmente bien. Al mismo tiempo, las exigencias del mundo exterior y todas las informaciones con las que somos bombardeados todos los días son tan grandes y ruidosas que encontramos muy poco tiempo y calma para dedicarnos a nuestro mundo interior. Pero allí una energía instintiva y poderosa está esperando para hacernos comprender nuestra propia verdad. Es la guardiana de grandes partes de nuestro mundo interior, el denominado espacio interior. Es la Mujer Interior, tanto si somos una mujer o un hombre. Es instintiva y salvaje y, sin importar cualquier información exterior, sabe lo que es realmente bueno para nosotros.

¿Qué es posible en el espacio de la Mujer Interior? Muchas personas experimentan precisamente ahora un vago anhelo de ser ellas mismas y sienten que hay algo nuevo que quiere llegar al mundo a través de ellas. Este anhelo ha surgido porque en ellas está despertando un nuevo espacio que quiere llenarse de vida y expresarse en el exterior.

Puede ser que tú también sientas este anhelo de ser tú mismo y vivir más vida, sea lo que sea lo que signifique esto para ti. Probablemente, ni siquiera seas consciente de qué quieres decir con esto, pero sabes perfectamente que algo te está esperando y que quiere ser parte de tu vida. Todavía no está claro qué podría ser este algo, o puede ocurrir que sólo tengas una vaga idea de ello. Al mismo tiempo, tú sabes que el futuro de tu vida necesita este algo nuevo para que la puedas vivir en plenitud y con sentido. Todo lo demás ya lo conoces, lo has estudiado, lo has vivido y en algún momento lo has dejado atrás, o estás a punto de acabar con ello.

En este caso, la palabra espacio significa un campo de percepción, no un espacio físico. En principio, es ilimitado y está determinado por la disposición y la capacidad de estar presente con la atención y la intuición dentro del propio mundo interior. Éste es el primer aspecto importante: ¡en el *propio* mundo interior! Muchas personas sobresalen en la capacidad de estar en los mundos interiores de otros y de saber qué necesitan esas personas, pero sobre ellas mismas apenas saben nada.

Expresado de la manera más concreta posible, en este libro el espacio significa que todas las cosas con las que te enfrentas, ya sea de forma consciente, inconsciente o intencionada, o bien porque te ves obligado a ello, son cosas que tienen lugar dentro de una especie de burbuja de percepción que atrae tu atención hacia ella misma. A no ser que te alejes de ella, no puedes rehuir de lo que se encuentra dentro de esta burbuja. Eso significa que no puedes evitar ocuparte de las cosas que están dentro de la burbuja. Lo puedes comparar con un embarazo: cuando estás embarazada, tu cuerpo alimenta al niño que se está desarrollando sin que tengas que contribuir a ello de forma consciente. Pero también sin que lo puedas evitar. Mientras eso ajeno esté en tu espacio interior, conseguirá lo que necesita sin que te pida permiso. Esto ocurre con todo lo que acoges dentro de ti.

La capacidad de alimentar inexorable e incondicionalmente lo que ha encontrado la vía para entrar hacia tu espacio interior de atención es, por decirlo otra vez, la fuerza femenina que tienes como mujer o como hombre. Al igual que una semilla crece si la pones en la tierra y la nutres con agua y luz, del mismo modo nutres tú las semillas (las ideas, los deseos, las ambiciones, las concepciones) que están dentro de ti. Esto está bien si se trata de algo que tú quieres nutrir, pero no es muy útil si se trata de algo a lo que no le quieres prestar ninguna atención.

Así que tiene sentido que te fijes bien en si quieres cuidar lo que alimentas y guardas dentro de ti y en si prestas la atención necesaria, consciente y amorosa a los ámbitos de la vida que te gustaría desarrollar. Tienes una habilidad muy poderosa: guardas la vida en tu espacio interior. Cuanto más consciente seas de cómo es este espacio dentro de ti y de qué poderes especiales tiene, podrás usarlo de una manera más precisa para vivir la vida como tú quieres vivirla.

¿En qué te ayuda tu Mujer Interior?

- Si escuchas a tu Mujer Interior, la información del exterior no podrá influirte tan fácilmente. Ella sabe qué necesitas en cada ámbito de tu vida.

- Si conoces el lugar de trabajo de tu Mujer Interior dentro de ti y ella se siente allí como en casa, entonces te ocupas primero de ti mismo y sólo después de los demás, en vez de explotarte a ti mismo o dejar que otros lo hagan y al final quedarte vacío de una forma u otra.
- Tu Mujer Interior es la guardiana de los siguientes ámbitos de la vida: abundancia, placer, belleza, entrega y amor. Si ella se siente como en casa dentro de ti, tendrás un acceso natural y libre de obstáculos a estas cualidades vitales.

Como mujer que quiere vivir su verdadero poder, puedes construirte tú misma tus ámbitos vitales exteriores explorando y desarrollando en primer lugar tus espacios vitales interiores. Como hombre, también puedes aprender a percibir estos espacios interiores, porque puedes recopilar en ellos de modo consciente los conocimientos que has adquirido a través de tus acciones. El espacio femenino de un hombre es su capacidad de entregarse y de encomendarse a lo que él ha reconocido como esencial e importante, en vez de malgastar su fuerza con acciones destructivas y relaciones decepcionantes.

Vas a conocer doce ámbitos diferentes de tu espacio interior en el que tu Mujer Interior está activa. Algunos de estos ámbitos te resultarán muy familiares, otros no tanto. Debes imaginártelo todo como un paisaje con un gran parque. En este parque hay doce jardines con una distribución muy diferente, y todos tienen tareas específicas. Cada jardín es diferente, por lo que en él florecen diferentes frutos de la vida. Todos ellos te pertenecen, pero no todos son importantes para ti en cada momento de tu vida.

Así que, al leer el libro, toma lo que te pertenece hoy y deja de lado el resto por ahora. Los capítulos de la segunda parte de este libro no están relacionados entre sí, de modo que puedes pasar las páginas y buscar los temas que te interesen.

Los doce jardines están definidos por una de las enseñanzas más antiguas que conocemos: la astrología. Tu Venus en la carta astral determina la orientación principal de tu Mujer Interior. Tu Venus representa especialmente estas preguntas: «¿Con quién quiero tener contacto y mantener una cercanía y de qué manera?, ¿qué importancia tienen la erótica y la armonía en mi vida?, ¿qué es para mí el placer?, ¿cómo vivo la cercanía?, ¿cómo me enfrento a la riqueza interior y exterior en mi vida?».

Venus representa la entrega y tu capacidad de abrirte. Describe tu predisposición a encomendarte a tus propios sueños vitales, a permitir que maduren en ti sin reservas y a confiarte en tu integridad al curso de la vida. La Mujer Interior no puede equipararse con Venus, pero Venus es un aspecto esencial de la Mujer Interior. Actúa en los jardines que están preparados para ella en tu paisaje interior.

Tanto si tenemos una idea que quiere que la convirtamos en un plan concreto como si buscamos una pareja o queremos sentirnos a nosotros mismos, o incluso si queremos deshacernos de un «niño» no querido, un proyecto con el que no estamos de acuerdo al cien por cien...; todos nos encontramos en algún punto diferente en nuestras vidas.

PERO HAY ALGO QUE NOS UNE A TODOS: EL CONOCIMIENTO SECRETO SOBRE NUESTRO COMETIDO Y NUESTRA FORTALEZA.

La oferta que te hago en este libro es la siguiente: aprende a escucharte, conoce las verdades de tu Mujer Interior y toma de ella la fuerza para vivir libremente y de manera auténtica.

Con la ayuda del viaje interior, sabrás en cada uno de los doce jardines qué es posible conseguir en ellos. Las preguntas de *coaching* te ayudarán a reconocer el poder de cada uno de los jardines interiores y sus frutos, y a aplicarlo para ti. Si compruebas que en tu jardín hay algo que no quieres tener o que ya no quieres que esté ahí, entonces lo puedes eliminar. Da igual dónde esté Venus en tu horóscopo: tú llevas todos los doce aspectos del zodíaco dentro de ti como un fiel reflejo de tu trayectoria vital. Todos los años, tu Venus está en otro signo del zodíaco, y así es cómo vas recorriendo poco a poco todos los jardines interiores de forma completamente automática y puedes recolectar sus frutos y beneficiarte de ellos. Así que este libro te va a brindar un buen servicio de nuevo cada año.

No te preocupes, no necesitas tener conocimientos de astrología. Sólo tienes que saber que se tienen en cuenta todos los aspectos que pertenecen a tu Mujer Interior, sin importar cuál de ellos es importante para ti en cada momento.

A continuación, conocerás a tu Mujer Interior. Descubrirás dónde está en tu paisaje interior y por qué es tan importante que se encuentre como en casa. En consonancia con la imagen del espacio interior, obtienes ahora el símbolo chamánico de la Mujer Interior, que podrá acompañarte a partir de este momento durante el viaje por tus jardines interiores: una cesta.

Tu Mujer Interior

es la guardiana

de los siguientes

ámbitos de la vida:

abundancia, placer,

belleza, entrega y

amor

Primera parte

El regreso a casa de tu Mujer Interior

Empecemos primero con nuestro espacio interior. Para ello utilizamos un lenguaje y símbolos gráficos. Usar las imágenes interiores es un enfoque tanto psicológico como también chamánico para conocer el propio interior y, en caso necesario, cambiarlo.

La idea de diferentes jardines interiores en los que está tu Mujer Interior, donde se siente a gusto y es eficaz, te ayudará a reconocer tus tareas y tus cometidos y a experimentar los frutos de su trabajo en el exterior.

Así que imagínate tu mundo interior como si fuera un paisaje con diferentes áreas. Por ejemplo, en un área vive tu Niño Pequeño, al que se le proporciona todo lo que necesita para que se sienta seguro. Otra área pertenece a tus fuerzas de autocuración, que hacen que sus energías fluyan a las áreas que necesitan curación. Otra área te la podrías imaginar como una fábrica de los sueños. En esta área se enlazan los deseos y las ideas con las inspiraciones y los impulsos que obtienes del exterior y se fraguan planes a partir de los sueños. Tú tienes muchas de estas áreas interiores, que también puedes denominar como áreas cerebrales. Pero si te las imaginas como partes de un paisaje, esto también tiene sus ventajas. Puedes ir ahí a pasear y a conocerlas, y verás que en cada una de esas áreas viven unas fuerzas que conocen el terreno y que estimulan y gestionan las áreas.

Siempre encuentras dificultades cuando las fuerzas no están en casa, o cuando no saben dónde viven, o bien, como suele hacer sobre todo el Niño Interior, cuando se demoran en paisajes forasteros e intentan arreglarlo todo allí.

Cuando tus fuerzas internas no están en su casa…

- se desaprovechan ámbitos importantes de tu vida, o como mínimo no se desarrollan del todo.
- te sientes no realizado e impotente en determinados ámbitos de tu vida, es decir, no habilitado.
- intentas encontrar en el exterior lo que te falta en tu interior, ya sea una confirmación mediante el trabajo, ya sea un amor a través de una relación, o ya sea la seguridad a través del dinero.[1]
- las fuerzas que están buscando un hogar en tu paisaje interior se inmiscuyen en ámbitos que no les atañen. Por ejemplo, el Niño Interior intenta resolver tus asuntos de persona adulta.

No obstante, también hay una ventaja: si las fuerzas no están en casa, entonces no tienes que asumir la responsabilidad por el área vital respectiva y no tienes que hacer frente a las heridas que puede que estén esperando ser curadas allí.

El hecho de que cada una de las fuerzas se ocupen de lo que les exige su hogar interior es un estado natural. Se sienten seguras y libres cuando viven allí, donde deben estar, porque en su lugar de origen obtienen todo lo que necesitan para desarrollarse. En tu interior te sientes rico y satisfecho, por dentro te sientes de buen humor y capacitado para controlar tu vida.

---

1. Todo esto puedes vivirlo en el exterior, pero si lo usas para sustituir tus propias fuerzas, entonces te quedarás extrañamente vacío e insatisfecho, en vez de enriquecerte.

¿Cómo ha podido ocurrir que tu Mujer Interior o también otras fuerzas no estén viviendo en su hogar en tu paisaje interior? Fueron expulsadas y tuvieron que ocuparse de otras cosas que en realidad no les atañe.

Veamos un ejemplo de un desarraigo interior.

Nadja era una niña encantadora. Era alegre, despierta, y le encantaba reír. Prefería llevar su larga melena suelta, lo que hacía que soliera estar despeinada. Jugaba sin descanso con sus animales en el jardín o bien leía debajo de un árbol. Cuando su padre, agotado, volvía del trabajo, sólo necesitaba contemplar a su hija para volver a sentirse bien.

Su madre era muy diferente. De niña había tenido que trabajar en la granja donde creció y no había tenido nunca tiempo para leer o jugar. Había tenido que domesticar su melena con una cola apretada. Se podría pensar que la madre se alegraba de que Nadja pudiera tener otras experiencias diferentes a las de ella, y era verdad. Pero era sólo una parte de la verdad. En el fondo, la Niña Interior de la madre envidiaba a Nadja por su felicidad, su vida libre de toda preocupación y, a medida que ésta crecía, por la feminidad natural que estaba desarrollando.

Nadja notaba la desaprobación de la madre, aunque ella no se la quería mostrar. Así que Nadja, sin darse cuenta, hizo todo lo posible para evitar el rechazo de la madre, y se volvió más precavida. Se reía menos, leía en secreto, jugaba con menos intensidad y ya no se echaba al cuello de su padre de manera tan despreocupada. La Mujer Interior que se estaba desarrollando aprendió: «Mi alegría, mi carácter salvaje y mi vivacidad pueden enfadar a las personas de las que dependo o que son importantes para mí». Otra posible reacción de Nadja podría haber sido la oposición contra su madre. En ese caso, se habría mostrado más alegre y abierta, se habría dado grandes aires.

Esto también habría impedido el desarrollo natural de su Mujer Interior. Ésta habría, metafóricamente hablando, subido a un escenario en vez de estar en casa.

El hogar de la Mujer Interior de Nadja es un jardín natural lleno de animales que confían en ella y lugares acogedores en los que puede retirarse y leer. Un jardín donde puede manifestar su alegría de vivir sin trabas y sin complejos. Este jardín, sin embargo, le causó dificultades a la madre, porque ella no pudo desarrollar su propio jardín. Por eso, hoy Nadja raramente visita su jardín por solidaridad con la madre, y si a pesar de todo lo hace, tiene mala conciencia sin darse cuenta. Su Mujer Interior no ha tenido nunca la experiencia de poder relajarse y sentirse cómoda en su jardín, en su país interior, de manera incondicional. El resultado es que Nadja, ahora adulta, trabaja demasiado y sueña demasiado poco. Cultiva algunas plantas en su balcón, pero no flores. Tampoco tiene animales. «Ensucian demasiado», dice, pero lo cierto es que entre ella y su apasionado amor por los animales se interpone la cara de desaprobación de su madre.

¿Por qué es esto perjudicial? Nadja desatiende y no utiliza sus fuentes esenciales de energía femenina: por un lado, se niega a sí misma la felicidad de cuidar de animales y de vivir con ellos; por otro lado, rara vez se toma el tiempo para leer, porque ha olvidado que a ella la lectura le proporciona mucha felicidad y calidad de vida. Cree que leer y jugar con animales son necesidades infantiles, pero en su caso esto no es verdad. Son fuentes de energía para la Mujer Interior. Esto lo sabría si se permitiera a sí misma llevar a casa a su Mujer Interior.

Tu Mujer Interior

sabe

qué necesitas

en cada ámbito

de tu

vida

Tu Mujer Interior conoce su hogar

Tu Mujer Interior es quien mejor conoce sus fuentes de energía. Sabe qué necesita. Probablemente no está en su hogar dentro de tu espacio interior. Para que pueda conocer sus diferentes jardines de los que ella saca su energía y en los que puede plantar todo lo que enriquece tu vida, primero tienes que buscarla en tu paisaje interior y llevarla a su propia área. Puede ser que esté ocupada en tu paisaje interior, pero que al mismo tiempo no esté en casa.

Durante el siguiente viaje interior, la llevarás a casa. Si quieres ver más de cerca en qué estuvo ocupada, puedes utilizar el siguiente segundo viaje interior. Así que no te dejes distraer, sino tráela primero a casa. Si esto no es posible, entonces enlaza los viajes entre ellos. Por lo tanto, lee primero los dos viajes y luego estarás preparado para cualquier cosa.

Los preparativos de viaje

En caso de que no tengas ninguna o poca experiencia con los viajes interiores, aquí tienes algunas advertencias importantes:

- Haz que alguien te lea el viaje interior en voz alta, grábalo con una grabadora y escúchalo luego, o léelo primero con atención y deja que las imágenes interiores te guíen.
- Tómate tu tiempo. Esto parece que es algo obvio, pero para algunas personas el mero hecho de conseguir un tiempo sin ser molestadas supone un gran reto. Tómatelo como un desafío y utiliza la siguiente pregunta de *coaching* para cuidar mejor de ti: si tu vida dependiera de ello, ¿cómo podrías proporcionarte más libertad de acción?, ¿qué pasaría si tu vida dependiera realmente de que te cuides bien?
- No te dejes presionar durante el viaje interior. La mayoría de las personas no ven ninguna imagen interior clara, sino que perciben su mundo interior a través de pensamientos, recuerdos que contienen una clave, símbolos con los que relacionan un determinado conocimiento o sentimiento, otro conocimiento repentino, sentimientos, y a veces incluso olores. Las imágenes interiores no son como las películas rodadas a la perfección, sino la expresión de un cierto tipo de percepción interior, que puede ser predominantemente visual, pero que no tiene por qué serlo. Tu percepción es exactamente correcta, puedes creer y confiar en ti mismo.

Lo que tiene sentido para ti puede que no tenga sentido para otra persona, porque tu cerebro recurre al lenguaje, a las experiencias y a las imágenes internas con las que tú estás familiarizado.

- Haz preguntas. Si no entiendes un símbolo interior o no puedes avanzar, entonces pregunta dentro de tu mundo interior y pídele que te muestre con más claridad lo que quiere decirte.
- Tu mundo interior quiere comunicarse contigo, su existencia depende de que habléis el mismo idioma. Así que si te encuentras con algo que no entiendes, entonces no pienses sólo qué podría ser eso, sino que durante el viaje interior pregúntate qué significa y qué te quiere comunicar. Se te mostrará de tal manera que lo entenderás. Las imágenes interiores no son fijas, sino que son una expresión de tu cerebro, que te quiere facilitar el acceso a tu subconsciente. Al cerebro le da igual qué imagen utilizar. Sólo quiere que te entiendas a ti mismo, y, por eso, si no has sabido interpretar el primero de manera intuitiva, te mostrará otro símbolo.
- No pierdas la calma. Puede ser que al principio no percibas nada o muy poco. Eso está bien, porque hay que practicar esta manera especial de estar en contacto con uno mismo. Sigue trabajando en ello. Puedes estar seguro de que tu interior quiere comunicarse contigo. El propio propósito de estudiar tu mundo interior pone en marcha un proceso.
- Hazte con un diario. Dar más espacio a las imágenes interiores escribiendo tus conocimientos, pensamientos y preguntas profundiza tus experiencias, aunque no se indique explícitamente en los ejercicios.

Conoce a tu mujer interior

Ahora ya estás bien preparado para tu primer viaje interior. En cada de uno de estos viajes interiores, atravesarás una puerta que puedes imaginarte como mejor te parezca. Un camino te llevará cada vez por el paisaje interior. En el siguiente viaje iremos en busca de tu Mujer Interior. Permítele que se muestre ante ti como es ella ahora, no como te gustaría que fuera. Recuerda que las imágenes interiores sólo son simbólicas. Tu Mujer Interior se te mostrará como representación de sus características y necesidades para que puedas darle lo que necesita.

¿Preparado? ¡Pues vamos allá!

Viaje interior

Permítete relajarte e imagínate una puerta. Detrás de la puerta empieza un camino dorado o plateado que brilla. Este camino te lleva a un paisaje interior en el que te encontrarás bien, seguro y a salvo. Sabes que en este paisaje viven seres maravillosos y poderosos que están a tu disposición con su energía y sus conocimientos. También sabes que estos seres tienen un lugar de acción ideal, sus respectivos hogares.

Continúas andando y te alegras de estar en tu rico mundo interior. Pide a tu camino que te lleve a tu Mujer Interior sin que importe dónde se encuentra ahora. Este camino que brilla es mágico y te lleva siempre donde te necesitan o donde te está esperando algo importante. Sigues andando por el camino, lleno de confianza.

El camino te lleva ahora a tu Mujer Interior. Observa dónde está y qué está haciendo allí. Observa si a ella le va bien con lo que está haciendo y si esto es lo que tú quieres para tu vida. Pregúntale si el lugar donde se encuentra ahora es su hogar interior. Ella sabe la respuesta.

Dile que hay un lugar en el paisaje interior que, independientemente de donde se encuentre ella, le pertenece y que la necesita. Allí ella puede actuar y relajarse, allí se alimentará a sí misma, desde allí será capaz de llenar el paisaje interior con todo lo que puede y quiere nacer a través de ella. En ese lugar está todo lo que necesita para desarrollarse plenamente y para sentirse entera y completa.

Le gustará acompañarte. El camino os llevará por una puerta de un jardín y vais a atravesarla. Os encontráis en un parque magnífico. Aquí está todo lo que desea la Mujer Interior: una zona donde puede descansar, lugares con energía para sus rituales espirituales y de chamanismo, flores con las que pueda regocijarse, una cascada bajo la que pueda lavarse y refrescarse, y todo lo que además desea. Deja que llegue a este lugar y que tome posesión de él, que descanse y que repare fuerzas mientras que tú regresas al mundo exterior en silencio por la puerta.

Deja que las imágenes interiores hagan un poco más de efecto. Si tienes la sensación de que para ti es importante reconocer qué ha hecho tu Mujer Interior en tu paisaje interior, entonces ve otra vez hacia ella con tus pensamientos y pregúntale. Lo que debe resolverse puede que aún no esté ante ella si eso se encuentra fuera de su paisaje interior. Si se trataba de algo que ella debía resolver, entonces lo encontrará en sus jardines.

Te doy un ejemplo para que te hagas una idea de cómo puede ser un viaje interior de este tipo.

La Mujer Interior de Daniela cuidó de un árbol muerto durante el viaje interior y no pudo ser persuadida de abandonar el árbol y de ir con Daniela a su hogar interior, el jardín de la Mujer Interior. Insistió en seguir cuidando al árbol muerto. El árbol no se podía talar, y ella tampoco quería dejarlo a su suerte. Daniela se dio cuenta de que faltaba algo.

Preguntó al árbol qué simbolizaba y la respuesta fue: «Tu relación anterior». Esto tenía sentido, porque Daniela había dejado atrás una relación muy dolorosa en la que había puesto todo lo que le había sido posible dar. Y, sin embargo, la relación fracasó. Aunque Daniela sabía que había aprendido muchas cosas, la Mujer Interior, cuya tarea era dar vida, no podía creer que no hubiera podido resucitar esta relación a pesar de todo el amor dado.

Daniela preguntó explícitamente si el árbol muerto representaba al hombre que amaba o a la relación fracasada, y el árbol contestó: «Represento la relación, no al hombre». Esto era importante, puesto que si el árbol hubiera representado al hombre, tal vez lo hubiera tenido que talar. Pero eso significaba que el árbol representaba algo que no podía volver a cobrar vida, y que esperaba la salvación.

Daniela se dio cuenta de que en el momento en que dejara al árbol a su suerte y que ella no volviera a intentar resucitarlo a pesar de todo, regresaría al ciclo natural. Se descompondría y se convertiría en un hogar para hongos, musgo y animales pequeños. Lo único que tenía que hacer era soltarlo y dejar que se convirtiera en su paisaje interior en algo que surgiría por sí mismo. Daniela entendió que la descomposición del árbol, que gracias a ella se convirtió en un donante de vida para otros seres vivos, significaba el conocimiento y la integración de sus experiencias. Pero esto sólo pudo suceder cuando su Mujer Interior reconoció que no podía resucitar ese árbol por muchas veces que lo regara. Cuando Daniela lo comprendió, pudo conducir a su Mujer Interior a su hogar con cariño y compasión. Para Daniela y su Mujer Interior, fue muy tranquilizador saber que el árbol de la relación fracasada se convertiría en una sustancia nutritiva viviente si permitían que el deseo del árbol de florecer y crecer se hiciera realidad.

Con este ejemplo puedes ver la sabiduría y coherencia que tienen las imágenes interiores cuando uno deja de lado sus propias ideas y conclusiones aparentemente lógicas. Otra vez: tu ser interior quiere comunicarse contigo. Quiere enriquecerte y regalarte conocimiento. Permíteselo.

El siguiente viaje interior te va a ayudar a lograrlo. Realízalo cuando tu Mujer Interior esté ocupada con algo que tú no entiendes o que necesite una aclaración.

Permítete relajarte e imagínate una puerta. Detrás de la puerta empieza un camino dorado o plateado que brilla. Este camino te lleva a un paisaje interior en el que te encontrarás bien, seguro y a salvo. Te lleva al lugar donde has encontrado a tu Mujer Interior.

Ahora ya has llegado. Tu Mujer Interior estaba aquí ocupada con algo antes de que la llevaras a casa. Ahora fíjate o acuérdate. ¿En qué estaba ocupada? ¿De qué servía lo que estaba haciendo? Si no lo sabes, pregúntale a tu Mujer Interior. Para hacerlo, no tienes que ir hacia ella, te escucha también cuando está en su casa. Sólo tienes que imaginártela con los pensamientos dentro de tu paisaje interior. Si ella no sabe en qué estaba ocupada, pídele a las fuerzas sabias que están en tu paisaje interior que te muestren para qué servía lo que estaba haciendo.

Ahora sabes qué misión perseguía tu Mujer Interior dentro de ti. Gracias a eso reconoces si lo que hizo debe seguir haciéndose o no. Si tiene sentido que se siga haciendo, entonces pide a las fuerzas interiores que en realidad son responsables que aparezcan y que se hagan cargo de la tarea. No necesitas saber de qué fuerzas se trata. Sólo están esperando a surtir efecto ahora que la Mujer Interior se siente libre.

Observa cómo las fuerzas se encargan de esta tarea, o date cuenta de que ya no tienes que superar más esta tarea. Regresa luego a través de la puerta al lugar donde te encuentras físicamente. Ahora ya sabes que todo está bien ordenado en tu interior.

La Mujer Interior ahora es libre para tomar posesión de su jardín interior. Ahora ampliamos la imagen y la conectamos con el mundo exterior a través de un símbolo poderoso y con tu vida: un cesto en el que recogerás todo lo que puede plantar tu Mujer Interior. Tu mujer interior lleva este cesto con ella como una conexión contigo. Dentro vas a poner todo lo que ella tiene que poner en la tierra de sus jardines para que crezcan: tus proyectos, tus relaciones, tus deseos, tus sueños, tus vocaciones, tus grandes y pequeños planes, tus bendiciones para otros.

He aquí un resumen para que quede todo claro:

- Dentro de ti hay doce jardines para tu Mujer Interior. Allí crece y prospera todo lo que pones en la tierra imaginaria.
- Tu Mujer Interior es tu ser interior sabio, originario e instintivo que sabe perfectamente qué forma parte de ti y qué no. Ella cuida de estos jardines. Para poderlo hacer, tiene que estar en su hogar interior, justo en esos jardines.
- La Mujer Interior lleva consigo un cesto en el que tú pondrás todo lo que ella debe plantar, albergar y cuidar. Este cesto une el mundo exterior con tu mundo interior. Tu tarea es meter allí todo lo que quieras tener dentro de ti, y al mismo tiempo tener cuidado en que ni tú mismo ni otras personas dejen caer nada perjudicial en el cesto.
- En términos chamánicos, este cesto se denomina «cesto nupcial», y simboliza el útero. Los jardines donde reina la Mujer Interior se llaman «regazos», y describen el espacio creativo donde se enriquecen todos los proyectos interiores con fuerza vital hasta que han madurado desde la intención, la fecundación hasta la acción y el nacimiento.
- La mayoría de las personas sienten toda esta zona interior en el abdomen o en la pelvis.

Tu Mujer Interior

conoce sus propias

fuentes de energía

y sabe qué

le sienta

bien

La vida misma es tu centro de jardinería

En los diferentes jardines que vas a conocer, crece y prospera todo lo que planta tu Mujer Interior. Pero ¿de dónde vienen, hablando metafóricamente, las semillas, los bulbos y los esquejes que planta en los jardines? Tú se los das, recogiéndolos primero en el exterior, precisamente como si la vida fuera tu centro de jardinería. Tú eliges qué quieres tener. Tus ideas e impulsos, las ofertas que recibes, como por ejemplo este libro, las informaciones y todo lo que percibes y que son lo que te encuentras todos los días, todo esto son semillas potenciales y esquejes para tus jardines interiores, y tú los puedes poner en el cesto de la Mujer Interior. Ella es quien mejor sabe en qué jardines lo planta todo, no tienes que ocuparte de ello. Pero lo que tú le das para que ella lo plante es decisivo para tu vida. Depende de ti elegir si entregas a la Mujer Interior lo que se te ofrece o no.

Quedémonos en el lenguaje de los símbolos: imagínate un gran cesto. Se encuentra en la entrada del parque de la Mujer Interior. Como si estuvieras comprando, en este cesto metes todas las cosas que son importantes para ti y de las que quieres ocuparte. Algunas de estas cosas que pongas en el cesto se plantarán automáticamente en alguno de tus jardines interiores. Esto ocurre por sí mismo, al igual que las semillas voladoras, por ejemplo del diente de león, que se propagan ellas mismas.

Si tu Mujer Interior se siente como en casa en sus jardines, entonces ella toma el cesto y pone en la tierra todo lo que hay dentro y que es bueno para ti. Lo que no te conviene ella lo reconoce y lo deja dentro del cesto. Ella te comunica a través de la voz interior que estás guardando algo de ti que no te pertenece. Si a pesar de todo lo dejas dentro del cesto, algún día estará lleno con asuntos que no son los tuyos y que tú no quieres albergar. Eso significa que no quedará más espacio para lo que le podrías entregar a la Mujer Interior para que lo plante. Pero si a pesar de todo insistes en que lo ponga en el jardín aunque ella te dice que no te pertenece, entonces algún día tus jardines estarán llenos con plantas que no son las tuyas.

Hay diferentes maneras con las que puedes llenar tu cesta de la compra: de manera inconsciente, de manera consciente, de manera coaccionada o de manera voluntaria. Primero diferenciaremos cada uno de los puntos y luego aprenderás con ejemplos concretos cómo se pueden representar en el día a día.

Inconscientemente: Oyes, lees o ves algo, y empiezas a pensar en ello. Lo has absorbido inconscientemente dentro de ti porque te conmueve de alguna manera. En el centro de jardinería de tu mente, coges un esqueje sin quererlo, porque él desencadena algo en ti, que puede ser agradable o desagradable, o algunas semillas de información vuelan como el polen en el aire y terminan por azar en tu cesto. Esto puede o no tener sentido, dependiendo de lo que se trate.

Conscientemente: Buscas conscientemente algunas informaciones determinadas, ya sea porque quieres reservar un curso, hacer una meditación o porque estás investigando para hacer la declaración de la renta. Eso quiere decir que buscas expresamente en el centro de jardinería de tu mente unas semillas determinadas porque las quieres plantar.

Coaccionadamente: Alguien ha intentado hacerte chantaje emocional, y tú intentas aceptar sus demandas y ayudar a esta persona. Sientes culpa y te sientes responsable automáticamente sin preguntarte si realmente lo eres. En el centro de jardinería de tu mente, alguien te pone su esqueje de contrabando en el cesto o lanza una bomba de semillas[2] en tus jardines interiores, y no te das cuenta de que estás alimentando, albergando y cuidando algo que está creciendo sin que lo puedas evitar. También es posible que lo notes pero que no sepas cómo lo puedes eliminar de tu jardín interior.

---

2. Una bomba de semillas es una pequeña bola hecha de tierra, arcilla y semillas que puede utilizarse de muchas maneras para la siembra.

Voluntariamente: Has prometido poner por un cierto tiempo tu cesto a disposición de los asuntos de otros y ocuparte de sus temas de manera voluntaria, ya sea por amor, o para ganar dinero o porque quieres algo a cambio como compensación. Eso significa que pones conscientemente los esquejes de los demás en tu cesta de la compra porque quieres conseguir algo con ellos o porque lo haces por amor: cuidas de tus hijos, vas a trabajar y realizas las tareas de la empresa. Pero también puede ser que estés cuidando a alguien o que lo estés complaciendo para que te quiera o para que al menos no te rechace.

Un ejemplo: **No todas las plantas deben estar en el jardín interior**

Recordemos a Nadja, cuya Mujer Interior fue expulsada de su hogar. Nadja tiene una amiga que se llama Lisa. En la amistad de ambas se coló una costumbre fatal: cada noche, cuando Nadja vuelve a casa agotada, suena su móvil, y Lisa le quiere contar cómo ha sido su día antes de que Nadja pueda descansar un poco. No hablan de ningún problema, pero Lisa llama justo en el momento que Nadja necesita para sentirse a sí misma después de estar todo el día atendiendo a los clientes.

Cuando al cabo de un cuarto de hora Lisa ya ha hablado lo suficiente, dice con una sonrisa: «Bueno, ya te dejo en paz para que puedas disfrutar de la noche». Pero en ese momento, Nadja ya está tan agotada que no puede cuidar de sí misma. Precisamente hubiera necesitado ese cuarto de hora de tranquilidad para hacer ella lo mismo que hace para Lisa: escucharse a sí misma, averiguar qué necesita, pasar revista al día laboral y dejar que el sistema nervioso se relaje. ¿Por qué no le dice a su amiga que necesita tiempo para sí misma? Porque ni siquiera se da cuenta.

La Mujer Interior de Nadja no está en casa, y por eso tampoco puede decirle a Nadja que ella misma puede encontrar reposo en su propio jardín en vez de escuchar a otros. ¿Sería lo mismo si Lisa escuchara a Nadja? No, porque lo que Nadja necesita es que no la estorben durante un tiempo para poder sentirse a sí misma. Donde mejor se relaja es en el jardín interior, cerca de la naturaleza, donde puede leer, jugar con los animales y ser ella misma. Lisa, en cambio, saca fuerzas comunicando. Una parte del parque donde Lisa se relaja es un jardín de mariposas. Al igual que las mariposas vuelan de flor en flor sin quedarse allí mucho tiempo, a Lisa también le gusta transmitir sus historias de un modo tan fácil. Nos podemos imaginar su jardín como un parque público donde la gente se encuentra y charla por el mero placer de hacerlo.

A Nadja le perjudica tener que ocuparse de los asuntos de Lisa por la noche:

- porque lo hace en un momento del día en el que debería sacar fuerzas en su propio jardín interior.

- porque Lisa tampoco le ha pedido a ella que lo haga, o sea que tampoco lo valora.
- porque la mayoría de las veces nada de lo que Lisa dice supone un valor real para Nadja. Tampoco existe ningún beneficio accidental en este intercambio, ninguna información que la pudiera ayudar en alguna cosa que le afecte a ella.

Sólo lo hace para no poner en peligro su relación con Lisa. Si ella fuera consciente de eso, podría encontrar otras posibilidades de estar cerca de Lisa. Imaginemos que Lisa no sólo charlara durante ese cuarto de hora, sino que por ejemplo le contara historias horribles. Nadja entonces las incorporaría dentro de sí de manera inconsciente y sin comprobarlas. Esto demuestra lo perjudicial que es en realidad dejar que crezcan incondicionalmente esquejes de otras personas dentro de ti.

Por el contrario, si Nadja va a la cocina de la empresa durante su horario de trabajo y capta algunos fragmentos de las conversaciones de sus colegas sin querer, puede tener sentido ponerlos en la cesta mental y mostrarlos a la Mujer Interior. Es posible que alguno de ellos sea una información importante para el trabajo o que alguien señale un posible próximo reto profesional que pueda afrontar. Pero si, por el contrario, no escucha y no incorpora ninguna información dentro de sí, puede que no saque ninguna conclusión útil.

¿Cómo sabe Nadja si debe retener una información y entretenerse con ella o si es mejor que la deje pasar como una pompa de jabón? No lo sabe. Pero la misma Mujer Interior aguza el oído intuitiva y rápidamente cuando nota que hay una semilla importante para sus jardines, siempre y cuando esté en casa. Si Nadja reparara en sus fuerzas interiores, se daría cuenta de forma más consciente y atenta de lo que es interesante para ella y lo que no lo es. Comprendería que la vida suele aportar exactamente la información que ella necesita. Sólo tendría que recorrer su centro de jardinería con los sentidos abiertos.

Un ejemplo: **Hacer espacio conscientemente para tus plantas favoritas**

Vamos a ver cómo no debemos hacerlo, porque así estará claro qué necesitamos para buscar conscientemente qué queremos.

María quiere cambiar de trabajo. Siente que en su trabajo actual no le exigen lo suficiente y que no reconocen su trabajo. Ya hace mucho tiempo que se queja, pero siempre que su marido le dice que haga el esfuerzo de buscar otro puesto de trabajo, niega con la cabeza. «No voy a encontrar nada de lo que estoy buscando», dice, y hace que su marido se desespere. «¿Qué buscas exactamente?», le pregunta él casi cada semana. Pero ella siempre responde con tristeza: «Aún no existe el trabajo que busco. Me he adelantado a mi tiempo», y parece que ya le va bien así, porque, en su opinión, el hecho de que la gente aún no esté lo suficientemente avanzada como para reconocer sus capacidades es algo especial.

Pero su marido piensa que sólo es una excusa, y tiene razón. María se está escondiendo para no tener que responsabilizarse de su trayectoria laboral. Prefiere seguir quejándose y le entrega a su Mujer Interior, metafóricamente hablando, una capa de tierra que corta todo lo demás de raíz, en vez de darle los esquejes que necesitaría para vivir su vocación. Deambula por el centro de jardinería de su vida y prácticamente pasa a propósito de largo de las estanterías en las que podría descubrir sus semillas. Si realmente no hubiera llegado el momento de sus habilidades, seguiría recorriendo su centro de jardinería con los ojos abiertos y probando muchas cosas. Estaría despierta y llena de seguridad, y siempre dispuesta a no dejar escapar el momento adecuado.

Así que vemos lo siguiente: encontrar conscientemente las semillas que queremos darle a nuestra Mujer Interior para que crezca lo que queremos dentro de nosotros requiere que nos responsabilicemos de lo que queremos. Esto va a ser difícil si lo que queremos choca con la imagen que tenemos de nosotros mismos y si debemos renunciar a ciertas partes de nosotros para conseguirlo.

¿Qué significa eso? ¿Qué pasaría, por ejemplo, si María creyera que es una persona a la que no le gusta estar en primer plano? ¿Qué pasaría si no le gustara reconocer que quiere obtener dinero por lo que hace por los demás? ¿Y qué pasaría si tuviera miedo de fracasar porque la imagen que ella tiene de sí misma no le permite cometer errores?

En este caso, ya tendríamos tres partes de ella que podrían oponer resistencia a una posible vocación:

- la parte interior que tiene miedo a parecer egoísta si se pone en primer plano y se muestra con lo que sabe hacer,
- la parte interior que siente vergüenza si quiere recobrar algo en vez de sacrificarse incondicionalmente,
- la parte interior que fue tan avergonzada que sólo se siente segura si es perfecta.

María sólo puede responsabilizarse de lo que realmente quiere si corre el peligro de violar estas tres partes. Vivir una vocación significa casi siempre que uno quiere llevar al mundo algo que todavía no existe. La persona tiene que mostrarse con la vocación, debe abogar por ella, pedir dinero si quiere ganarse la vida con ella, y María no puede hacer todo esto.

¿Qué podría ayudarla? Si María se pusiera en contacto con su Mujer Interior, entonces podría ver qué plantas venenosas (vergüenza y el perfeccionismo que resulta de ésta) guarda en sus jardines. Las podría arrancar y podría plantar los rosales aromáticos de su propia autonomía y la alegría por su propia vocación.[3]

Un ejemplo de cómo elegir conscientemente lo que uno quiere y cómo encontrar las semillas de manera segura ya lo has visto tú mismo: el libro que tienes entre manos. Quizás fuera el azar. Pero tú has visto que en este libro hay algo que te puede ayudar. De no ser así, no lo estarías leyendo. Con el libro asimilas conscientemente las semillas que te ofrezco aquí en forma de información. Que den ricos frutos en ti.

Un ejemplo: **Las bombas de semillas no funcionan**

---

3. Puedes averiguar cómo se hace en la página 81.

Las bombas de semillas son unas pelotitas duras hechas de tierra, tierra arcillosa y semillas. Sólo hay que echarlas en la tierra, la lluvia las ablanda, y al cabo de un tiempo todo se vuelve verde y florece. Esto es algo bueno si se lanzan las pelotas de semillas donde se necesitan, pero es una acción agresiva si van a parar donde no deberían porque, por ejemplo, el dueño del terreno quería cultivar otras cosas, especialmente si se trata de una planta que tiene un crecimiento excesivo. Si lo traducimos a nuestra imagen del jardín de la Mujer Interior, esto significa que si alguien te lanza sus pelotas con las semillas en tu paisaje interior sin preguntarte, entonces es una clara intrusión y la puedes devolver de inmediato, incluso en caso de que se hiciera supuestamente con buena intención. La persona que tiene realmente buenas intenciones contigo, antes te dice qué te quiere dar y deja que tú tomes la decisión de si lo aceptas o no.

El siguiente ejemplo pone a la vista cómo se puede plasmar esto en la vida cotidiana.

Los padres de Sibylle son bastante ricos. Ya son mayores y necesitan a alguien que les cuide y que les ayude a resolver las cuestiones del día a día. Las prestaciones que le paga el seguro médico no son suficientes, pero ellos podrían financiar otra ayuda de forma privada. Sin embargo, el padre de Sibylle lo rechaza categóricamente. Dice que quiere ahorrar el dinero para Sibylle para que lo pueda heredar todo. Según él, con su trabajo apenas se puede mantener, y él tiene que seguir encargándose de ella. Hace unos años, Sibylle abrió una pequeña librería y cumplió así su sueño. Pero su padre piensa que esto sólo es una afición, ningún trabajo con el que se pueda vivir. Se preocupa porque no sabe si ella lo podrá conseguir. Esto podría ser una demostración de amor, y seguramente lo es. Pero no lo es del todo, porque al mismo tiempo está negando sobre todo a la madre la ayuda diaria que necesitan, pues no confía en que su hija pueda valerse por sí misma.

Sibylle tiene sentimientos de culpa y se siente desbordada, y como su padre no está dispuesto a pagar a alguien que les pueda ayudar, tiene que ser ella quien les cuide. Se avergüenza y está enfadada porque su padre no se fía de que ella sepa salir adelante en cuanto a sus finanzas. Las bombas de semillas hechas de acusaciones y de sacrificio personal, es decir, del chantaje emocional que su padre ha cultivado en Sibylle, han dado sus frutos, y las plantas están sofocando tanto su alegría por la librería como su confianza en ella misma. También están sofocando la ira que siente hacia su padre, que hace de él y de su madre unos mártires. Sibylle debería devolverle estas bolas de semillas con ímpetu y elaborar una solución sensata, por ejemplo, un reparto adecuado del dinero existente.[4]

¿Cómo se le ocurre a alguien lanzar sus pelotas de semillas tóxicas en el jardín interior de otra persona? Cuando alguien no puede sentir sus propios sentimientos y no quiere atender su jardín interior porque quizás no le guste lo que podría ver allí, muchas veces proyecta sus sentimientos hacia fuera. Uno cosecha inconscientemente, por así decirlo, las semillas de las plantas venenosas que crecen en su propio jardín interior o de las malas hierbas que lo sofocan todo,[5] y a

---

4. En las páginas 55 y 81 podrás averiguar cómo devolver las bombas de semillas emocionales y mentales.

5. Utilizo la palabra «mala hierba» para demostrar que las plantas mentales no tienen ninguna utilidad en el paisaje interior, sino que ocupan espacio y que lo sofocan y lo envenenan todo. En la naturaleza de verdad, no existe ninguna mala hierba, sino hierbas o flores silvestres, que, sin embargo, tampoco pueden crecer en mi jardín por todas partes.

partir de eso forma bombas de semillas que lanza luego a los jardines de los demás.

¿Por qué hacen esto algunas personas? ¿Qué sentido tiene lanzar las propias semillas en los jardines de los demás en vez de ocuparse de su propio jardín, de arrancar todo lo que sea tóxico y de cuidar lo que está marchito?

- Lo que una persona lanza en los jardines de los demás prolifera en el propio jardín interior de manera desapercibida en un rincón oscuro e inaccesible, o ella misma ha construido una valla alta alrededor de esta zona del jardín. Por eso, uno no suele ser consciente de ello. Casi siempre se trata de necesidades emocionales insatisfechas. En el caso del padre de Sibylle, podría ser, por ejemplo, el deseo no confeso de poder controlar a su hija para que no lo abandone.
- Las plantas tóxicas en el interior de uno mismo liberan constantemente semillas y seguirían extendiéndose si uno no las arrojara fuera de sí para, de esta manera, reducir la presión de dentro. Mientras no sean satisfechas adecuadamente, las necesidades insatisfechas producen siempre otras necesidades nuevas.
- Visto desde una visión elevada de las cosas, esto tiene sentido si alguien lanza en los jardines de los demás las semillas que rechaza para sí mismo, como si fuera una acción de jardinería de guerrilla.[6] Esto nos da la oportunidad de observar lo que está creciendo dentro de nosotros mismos. Siempre y cuando estemos dispuestos a mirar de cerca, cosecharemos

6. Término que se utiliza para describir la siembra clandestina de plantas con fines políticos o para embellecer y reverdecer las ciudades y los terrenos baldíos.

en el sentido literal lo que hemos sembrado en otros. Si uno es capaz de ser honesto consigo mismo, reconoce las propias necesidades esperando o luchando por la satisfacción de los demás.

Un ejemplo: **El arrendamiento temporal deliberado de los jardines interiores**

El arrendamiento de una parcela es un contrato voluntario que requiere un pago adecuado por parte del arrendatario. El arrendador pone a su disposición su tierra por cierto tiempo. Muy importante: ¡El contrato de arrendamiento puede rescindirse! El arrendatario no se convierte automáticamente en el dueño de la parcela. Lo mismo ocurre con el hecho de facilitar el propio espacio interior para las necesidades de los demás. El siguiente ejemplo ilustrará qué quiero decir con esto.

Derek es psicoterapeuta. Se toma su trabajo muy en serio y le encanta lo que hace. Es muy sensible a las necesidades de sus clientes y reconoce de manera intuitiva lo que realmente se esconde detrás de lo que explican. No sólo lo sabe porque es muy hábil en hacer combinaciones mentales y sabe establecer vínculos entre las declaraciones y patrones de comportamiento de sus clientes y se forma una imagen coherente de ellos, sino porque dispone también de una intuición infalible sobre la verdadera necesidad de las personas que le piden una consulta. Permite que las necesidades y los sentimientos que sus clientes no formulan caigan como semillas en su cesto interior. Luego las entrega a su Mujer Interior, quien las lleva al jardín interior.[7]

---

7. A cuál de los doce jardines los lleva depende de la personalidad y la percepción de la persona en cuestión.

Allí van creciendo y él se da cuenta entonces de qué se trata en realidad. Esto ocurre con bastante rapidez, por una parte porque ya tiene mucha experiencia con eso, y por otra porque permite incondicionalmente que las informaciones de sus clientes echen raíces en su interior y que le muestren su verdadera naturaleza.

Además, la zona del jardín en la que arraigan las semillas de los clientes está vacía. Eso quiere decir que puede estar seguro de que lo que siente viene realmente de sus clientes y no de él mismo. Derek, así, permite que sus clientes arrienden, durante el tiempo que dura la sesión, una zona de su jardín que él no ha cultivado y que la fertilicen con sus semillas. Se trata de una parcela de su jardín que Derek ha puesto a disposición expresamente para ello y que no necesita para sus propios asuntos o necesidades.

Derek mantiene el pacto de que la duración del arrendamiento es limitada. Al final de la sesión ocurre algo muy importante: su Mujer Interior retira los esquejes de sus clientes del jardín terapéutico para volver a estar libre y para que Derek pueda estar abierto a los problemas del siguiente cliente. La recompensa de Derek es la sensación de haber reconocido las necesidades de los clientes y haber reaccionado en consecuencia.

Por el contrario, su colega Rita permite casi en todo momento que sus clientes le lancen sus bombas de semillas con necesidades en su jardín, porque tiene la sensación de que los dejará en la estacada si no está siempre a su disposición. Como lo permite, su parcela de jardín que ofrece a los clientes es cada vez más grande sin que pueda evitarlo y ocupa cada vez más espacio en su paisaje interior. Suele sentirse agotada y muchas veces piensa en cambiar de profesión porque sus propias plantas, es decir, sus necesidades, tienen muy poco espacio en sus jardines interiores. La necesidad de atención y asesoramiento que tienen los clientes se va haciendo dueña de todos ellos porque crece en vez de verse satisfecha. La recompensa de Rita es lo que se llama unas ganancias secundarias: se explota a sí misma, pero al hacerlo se siente importante y necesitada. No sabemos de dónde viene esta necesidad, pero una cosa está clara: en la imagen que tiene de sí misma como terapeuta no cabe establecer claras líneas divisorias y exigirles a sus clientes que cumplan el contrato de arrendamiento de su jardín interior. Ella siente su sufrimiento emocional y le gustaría ser para ellos como una madre, en vez de actuar como terapeuta que mantiene una cierta distancia. Pero precisamente esta distancia haría que sus clientes tuvieran que tomar más las riendas de su responsabilidad. Aquellos clientes que realmente necesitan ayuda las 24 horas del día estarían quizás mejor atendidos en una clínica donde los terapeutas trabajan por turnos o donde pueden beneficiarse de la ayuda de varios terapeutas a la vez.

¿Cuál es la diferencia entre la Mujer Interior de Derek y de Rita? La Mujer Interior de Derek tiene una misión clara: ella se ocupa de las semillas de necesidades formuladas y sobre todo de las no formuladas de los clientes, que Derek pone consciente y claramente en la cesta de su Mujer Interior. Cuando Derek ha visto de qué semillas se trata, ella las planta y las vuelve a eliminar. Sólo las deja crecer para que Derek pueda identificar qué plantas son. A partir de ahí, él desarrolla su concepto de terapia.

Las necesidades de los clientes no crecen excesivamente y de forma desordenada en el jardín de Derek, sino que reciben alimento sólo durante el tiempo que dura la sesión. Derek enseña a sus clientes a cuidar ellos mismos de sus plantas de semillero hechas de necesidades.

Por el contrario, Rita nutre a la planta de las necesidades de sus clientes con su propia energía. Les da a los clientes plenos poderes sobre su jardín interior fértil, en vez de decidir cuándo va a permitir que su Mujer Interior ponga determinadas plantas en la tierra imaginaria. Su Mujer Interior está derrocada y no tiene nada que decir. Sin duda, le hace saber a Rita que las cosas no van del todo bien para que su trabajo sea saludable para ella, mostrándole con el cansancio que siente que Rita está perdiendo la energía y la alegría por su trabajo. Pero es la propia responsabilidad de Rita escuchar las señales o no. La mujer interior sólo puede dar su opinión, no decidir ella misma.

Poner tus jardines interiores fértiles a disposición de otras personas, seres vivos o proyectos puede ser muy satisfactorio, por ejemplo, en el caso de un embarazo deseado. Al mismo tiempo, es importante que mantengas el control sobre quién se nutre en tus jardines y cuándo, y que seas capaz de reclamar el espacio para ti cuando sea necesario. Cuanto más puedas hacer uso de tu espacio, más generoso puedes ser, porque sabes que el espacio interior que necesitas para ti siempre estará disponible.

Para que puedas meter en la cesta lo que quieres regalar a tu Mujer Interior, esta cesta debe presentar algunas características. Vamos a analizarlas con más detalle en el próximo capítulo. Puede serte útil y darte satisfacción si te haces con una cesta de verdad que simbolice la cesta interior.

Tu Mujer Interior

protege la vida nutriendo

y haciendo madurar

lo que es importante

para ella con su

atención

El cesto de tu Mujer Interior

Imagínate por un momento que vas al mercado. Aquí encontrarás todo lo que estás deseando: fruta, flores, verdura, queso, comida casera de los campesinos, artesanía sugerente..., sólo tienes que llevar una cesta e ir a comprar. Pero tu compra se te cae cada vez que quieres meterla dentro porque tu cesta tiene un agujero en el fondo. También puede ser que la compra se caiga porque la cesta ya está llena. O bien es muy pesada y poco práctica por sí misma y apenas la puedes levantar. Así que tu compra resulta difícil.

La buena noticia es que echas un vistazo al pintoresco mercado y quieres tener lo que te gusta. Otra buena noticia es que compras lo que quieres tener. No te limitas a mirarlo con ganas y a decirte que no es para ti, como quizás podrías haber hecho en el pasado o como sabes que ocurre con gente que conoces. Esto es estupendo.

Por eso, para que tu compra sea todo un éxito, tu cesto necesita tener diferentes características:

- Tiene que estar intacto y ser estable.
- Tienes que poder llevarlo o arrastrarlo fácilmente.
- Tiene que ser lo suficientemente grande y estar vacío.

En realidad, ¿cómo puede ser que tu cesta interior sea demasiado pequeña, esté demasiado llena o esté rota? Esto es fácil de responder. Meterás en esta cesta todo lo que te preocupa y te mantiene ocupado, o más bien es al revés: como lo metes en el cesto, te ocuparás de todo eso. La cesta es el símbolo de tu disposición a interiorizar lo que oyes, lees, vives o ves. Esto está muy bien si hay algo que fertiliza y enriquece tu paisaje interior, pero no está tan bien si es algo que te agobia sin que puedas influir en ello. Si llevas algo pesado o cortante en la cesta, por ejemplo, una experiencia dolorosa o incluso los temas de tus abuelos, entonces el fondo o el asa de la cesta se va a romper. Si pones y cuidas tus planes, deseos y sueños en la cesta, pero no se los entregas conscientemente a tu Mujer Interior para que estos sueños se conviertan en planes y finalmente en acciones, entonces todo ello sólo llena la cesta y ocupa espacio.

En la cesta están las experiencias que tuviste como niña con el hecho de ser mujer y/o con las mujeres de tu familia, tanto las positivas como las negativas. Quizás tus antepasados te entregaron una cesta que ya estaba rota cuando te dijeron que no puedes confiar en lo que sientes o quieres. Las decepciones no asimiladas destruyen la cesta. La traición y la injusticia que uno ha sufrido destruyen la cesta. Las convicciones negativas relativas al hecho de ser mujer o a las mujeres en general hacen que la cesta se vuelva pesada, como si el mismo hecho de ser mujer fuera una carga.

Por lo tanto, ¿qué tal si nos fijamos atentamente en tu cesta, la limpiamos y la arreglamos o, en caso necesario, te damos una nueva? Tal vez tampoco encuentras ninguna cesta en tu interior porque has decidido, sin ser consciente de ello, no vivir tu feminidad para no que no te hieran o para no herir a los demás. Por eso es tan importante que ahora le dediquemos un viaje interior a la cesta.

Viaje interior

Permítete relajarte. Delante de tu ojo interior aparece una puerta que puedes atravesar sin grandes esfuerzos. Detrás de esa puerta encontrarás un maravilloso paisaje interior y un camino que brilla.

El camino te lleva a un fuego de campamento. Te acercas al fuego y ves que alguien te ha preparado un lugar para sentarte. Te relajas aún más y tienes la sensación de que alguien te da la bienvenida. Te sientas delante del fuego.

Cerca de ti hay alguien, una entidad imprecisa. Sientes que al estar a su lado, esta entidad te protege. Te dice: «Ahora siente en tu interior con toda tu conciencia. Observa si encuentras una cesta dentro de ti. Si es así, sácala de tu interior. Observa tu cesta atentamente. ¿Qué aspecto tiene?, ¿está intacta, tiene agujeros, es tu cesta de verdad o es de otra persona?, ¿qué hay dentro? Quizás te das cuenta de que está completamente contaminada con las promesas, los deseos y sueños no cumplidos o los proyectos que olvidaste. Puede que esté llena de los deseos y los sueños que guardas para otras personas. Los niños no nacidos también pueden estar en él, quizás ni siquiera los tuyos, pero sí los de tus abuelos, de tu madre, tu abuela, etc.».

Haces lo que te dice esta entidad. Luego la entidad vuelve a hablar: «Permite que el fuego limpie tu cesta, que la libere de todo lo que le hace daño, que la cure y que quizás la destruya del todo para que pueda surgir algo nuevo». Pon ahora tu cesta en el centro de este fuego. Arde con altas llamas. No ves qué le está pasando a la cesta dentro del fuego, pero sabes que la energía del fuego transforma la cesta. Al cabo de un rato, el fuego se apaga.

Te das cuenta de que ha surgido una cesta totalmente nueva para ti. La entidad que está sentada contigo en el fuego saca la cesta de las cenizas y la bendice con la fuerza de la feminidad, de la fertilidad, con la fuerza de la Madre Tierra. Bendice la cesta para ti, para que todo lo que guardas y nutres dentro de ti sirva para el bienestar de todo el mundo. Te toca el abdomen con la cesta y de repente la cesta fluye dentro de ti. Puedes sentirlo físicamente. Un cálido resplandor emana de esta cesta y llena todo tu cuerpo.

De pronto te das cuenta de qué cosas no quieres tener más en tu cesta, a quién o qué no estás dispuesto a guardar y a mantener más. Te permites tratar con mucho cuidado esta cesta que a partir de ahora está curada, depurada o es nueva. Luego, regresa con tu cesta a tu tiempo por la puerta, hacia el espacio donde te encuentras físicamente.

Puedes llevar a cabo este ritual también físicamente al aire libre. Cómprate una cesta de mimbre y escribe en unos papeles todas las cosas que quieres soltar y mételos en la cesta. Para temas que sean especialmente graves, puedes escribir en piedras planas o en leños pesados los temas que representan. También un anillo para una relación fracasada es un símbolo poderoso. Llena la cesta con todo lo que quieras soltar y quémala en una hoguera. Deja ir de este modo todas las cosas que no quieres guardar más.

Si a partir de ahora quieres distanciarte de determinadas informaciones, por ejemplo, de cosas que has oído, entonces imagínate una tapa para tu cesta. Cuando tengas que ocuparte de temas que no quieres asimilar dentro de ti, sólo tienes que ponerla encima de tu cesta interior. El mero hecho de saber que puedes disponer de una tapa en todo momento puede ser un gran alivio. Si te has comprado una cesta de verdad como símbolo de la cesta interior, puedes hacer que se convierta en algo totalmente concreto. Ponle un paño encima y entonces estará cerrada. Si esto no te parece suficiente, entonces busca un objeto sólido, un plato o una bandeja que puedas poner encima de la cesta.

Ahora ya has conocido a tu Mujer Interior y has limpiado, has depurado (o te la has comprado nueva) la cesta en la que vas a poner todo lo que quieres guardar dentro de ti. ¿Qué tal si nos ocupamos ahora del bienestar de tu Mujer Interior?

Tu Mujer Interior

quiere comunicarse contigo

enriquecerte

y regalarte

conocimiento

Vacaciones de bienestar para tu Mujer Interior

Si tenemos claro que la Mujer Interior representa tu fuerza interior y las partes de ti que sienten, que cuidan de ti, que se ocupan de manera intuitiva e instintiva de tu bienestar, y que a menudo están más por los demás que por ti mismo, entonces podemos pensar que estas partes interiores tuyas están agotadas. Ya has conocido a tu Mujer Interior en un viaje interior. ¿Qué tal si la miramos más de cerca? Aunque ahora aparentemente estés bien, un poco de bienestar y de estancia en un *spa* es algo que siempre va bien, ¿verdad? Imagínate las siguientes imágenes siempre que te sientas agotado o simplemente quieras relajarte un rato. De este modo, aprenderás a utilizar las fuentes de energía importantes de tu interior y entrarás en contacto con tu naturaleza originaria.

Viaje interior

Siéntate o túmbate cómodamente. Ahora no tienes que hacer nada más. Todo en ti puede ser como es, con todas las sensaciones que viven dentro de ti, todos los deseos y sueños que quieren ser vividos a través de ti. Tu respiración se vuelve más tranquila. Te vas hundiendo cada vez más hacia tu interior. En tu imaginación, camina hacia una puerta que te lleve a tu interior. Ahora vas por un camino reluciente que ya conoces.

Pide a tu Mujer Interior que venga hacia ti, o bien búscala en su jardín. Obsérvala con atención. ¿Cómo la percibes? Pregúntale qué necesita y si se encuentra bien. Escucha con atención; ella sabe qué necesita. Ahora dile que se deshaga de todo lo que lleva consigo y que no le pertenece. Todo esto puede ser, por ejemplo, un abrigo pesado, una mochila con temas pendientes, un velo de luto negro delante de la cara, un cinturón de castidad o un anillo de boda antiquísimo. Puede ser que lleve consigo símbolos de represión y sobrecarga de otras épocas. Dile que se deshaga de todo, que ya no lo necesita porque éste es su hogar. Todas las cosas de las que se libra se convierten en polvo y son neutralizadas por la tierra.

De pronto te das cuenta de que hay una puerta dorada. Atraviesa esa puerta con tu Mujer Interior. Llegáis a un oasis de bienestar que es exactamente lo que le gusta a tu Mujer Interior. Hay una bañera llena de agua estupendamente perfumada. Unos seres maravillosos que vienen del país de tus poderes de autocuración y que fueron llevados a tu Mujer Interior la acogen y se ocupan de ella. Saben lo que le sienta bien y se lo dan. Desnudan a tu Mujer Interior y al hacerlo le van quitando todos los restos que ella iba llevando a cuestas. Tu Mujer Interior se mete ahora en la bañera.

Las tibias aguas medicinales bañan a tu Mujer Interior y la nutren con todo lo que necesita. Te das cuenta de que has utilizado a menudo su energía para otras personas para sentir que ellas te aman y te reconocen. Ahora decides que tu Mujer Interior no sólo debe ocupar su espacio ancestral en tu interior, sino que no tendrá que abandonarlo más.

Te sientes fascinado por tu Mujer Interior, que cada vez se siente más a gusto y más fuerte. Ahora sale de la bañera y se pone un vestido. «Tráenosla regularmente», te dicen los seres de la autocuración, «así siempre estarás nutrido y gozarás de una belleza y una fuerza interiores completas». Dices que sí y llevas a tu Mujer Interior de vuelta a su jardín. Luego, vuelves por la puerta al espacio donde te encuentras físicamente.

Esfuérzate en averiguar qué es lo que te alimenta de verdad y qué harías si nadie estuviera mirando y no tuvieras que cumplir con nada.

Tu Mujer Interior necesita tiempo para tranquilizar sus emociones, porque ella sólo se siente a sí misma y por tanto puede entrar en sintonía consigo misma. Necesita un tiempo sin interrupciones para poder sentir que lo que la nutre es de verdad coherente. Especialmente cuando tú quieres cambiar de aires, necesitas tiempo para que tu interior pueda sentir lo que te conviene y lo que no.

Estos impulsos vienen por sí mismos cuando estás sólo contigo mismo y no tienes que hacer ni demostrar nada. Entonces, de repente tu Mujer Interior habla contigo si has aprendido a escucharla.

ES COMO UNA REUNIÓN DE AMIGAS CONTIGO MISMO.

Una clienta me dijo: «Estar sola se ha convertido en algo muy importante para mí, casi sagrado. A menudo me he preguntado cómo puedo aprender a desmarcarme de manera que esto no me influya más si hay otra gente en el lugar donde estoy. Bueno, no puedo decirte nada sobre esto. Ahora acepto lo siguiente: si hay otras personas en ese lugar, entonces percibo su melodía, incluso si no quieren absolutamente nada de mí. Desmarcarme del resto es una decisión consciente, es trabajo. Para poder relajarme de verdad y nutrirme a mí misma, necesito tiempo conmigo misma sin interrupciones. Creo que esto es perfectamente legítimo. No tengo que aprender a permanecer completamente conmigo si hay otros en el lugar donde estoy. Lo he practicado durante mucho tiempo y ya lo domino muy bien. Pero este ejercicio cuesta energía. Puedo aprender algo totalmente distinto, a saber, asegurarme de que estoy sola conmigo misma. Puedo aprender a no estar disponible, también a no llevar conmigo un móvil, sino que puedo estar simplemente a solas conmigo misma sin que mi mundo, el mundo, se derrumbe. A veces funciona, a veces no. A veces el mundo se derrumba de verdad cuando no estoy allí, porque he asumido el cuidado de otras personas».

Precisamente cuando eres responsable de otras personas, de niños, animales o de personas dependientes en tu entorno, es muy importante que no cumplas sola con todas las obligaciones. «Soy madre soltera, ¿qué me estás contando?», dices, quizás, y tienes razón. En este caso es particularmente importante que seas consciente de que necesitas tiempo para ti.

Si te tomas en serio tus necesidades y le pides a la vida que encuentre una solución para ti, crearás una nueva realidad para ti. No necesitas saber cómo será esta solución, ni siquiera tienes que ser capaz de poder imaginártela. Pero puedes insistir en que la vida te cree una. A la vida le gusta superar retos y desarrollarse. De hecho, no hace otra cosa en todo el día.

Por supuesto, tu Mujer Interior también puede necesitar algo completamente diferente, dependiendo de la manera en que sueles explotarte a ti mismo o simplemente cómo sueles verte desafiado. Esfuérzate un poco y averígualo. Tómatelo en serio. Tú conoces este anhelo por ti mismo. Insiste en tu realización. Y luego establécela para ti dejando la solución en manos de la vida.

¿Cómo? Pon un papelito con las cosas que quieres hacer realidad en tu cesta imaginaria o real. Con este gesto le darás a la vida, y a ti también, una señal muy clara: al ponerlo por escrito te lo vas a tomar en serio. Insistes en ello. Y con esto ya has ganado.

A partir de ahora, por tanto, esto es lo que vas a hacer: cuando quieras hacer realidad algo en tu vida, entonces escríbelo en un papelito o búscate un símbolo para ello. Pon ese papelito o el símbolo como semilla imaginaria en tu cesta para que la Mujer Interior pueda plantarla dentro de ti. Esto puedes hacerlo de manera física o en tus pensamientos, y lo mejor es que hagas las dos cosas. Incluso puedes reservar una pequeña parcela de tu jardín o una maceta para que representen a tu jardín interior y plantar algo de manera simbólica siempre que quieras lograr algo concreto en tu vida.

La Mujer Interior cuida y nutre; esto ya lo has leído varias veces, pero ¿cómo tenemos que imaginar todo esto exactamente? La respuesta a esta pregunta es un antiguo cuento que vamos a examinar ahora más detenidamente. No dejes que todas las imágenes interiores te confundan. Los personajes te los puedes figurar como partes de tu Mujer Interior, pero tampoco tienes por qué hacerlo. Puedes tomártelo simplemente como un símbolo de lo que significa cuidar un jardín interior.

Tu Mujer Interior

también sabe

lo que no

te conviene

Cómo funcionan los cuidados y la alimentación

Un cuento maravilloso que demuestra muy bien cómo funciona la entrega femenina es el cuento «Madre Nieve» de los hermanos Grimm, «Frau Holle» en alemán.

Una viuda tenía dos hijas, una de ellas hermosa y hacendosa, la otra fea y perezosa. Pero quería más a la fea y perezosa, porque era su verdadera hija, y la otra tenía que hacer todo el trabajo y ser la Cenicienta de la casa. La pobre chica tenía que sentarse todos los días al borde de la carretera, junto a un pozo, y no parar de hilar hasta que los dedos le sangrasen.

Pero entonces un día el huso estaba tan manchado de sangre que la chica se agachó en el pozo para lavarlo, y se le soltó de la mano y el huso se cayó al fondo. Llorando, se fue a contárselo a la madrastra y le explicó la desgracia. Ésta, sin embargo, la riñó con dureza y era tan despiadada que le dijo: «Si se te ha caído el huso, ahora tendrás que sacarlo de allí». Así que la chica volvió al pozo y no sabía qué hacer; y en su angustia se arrojó al pozo para ir a buscar el huso.

Perdió el sentido y, cuando se despertó y volvió en sí, estaba en un hermoso prado donde brillaba el sol y había miles de flores. Se fue andando por ese prado y llegó a un horno que estaba lleno de pan. El pan, sin embargo, gritó: «¡Sácame de aquí!, ¡sácame de aquí! De lo contrario me voy a quemar: ya estoy cocido». Ella se acercó, cogió la pala y fue sacando todas las hogazas del horno. Luego siguió andando y llegó a un manzano que estaba lleno de manzanas, que le gritó: «¡Sacúdeme, sacúdeme! Todas las manzanas están ya maduras». Así que ella sacudió el árbol y le cayó una lluvia de manzanas hasta que ya no quedó ninguna, las ordenó todas en un montón y siguió adelante.

Finalmente llegó a una casa pequeña de la que se asomaba una mujer mayor. Pero como tenía los dientes muy grandes, la chica se asustó y quiso salir corriendo. Pero la mujer mayor le gritó: «¿De qué tienes miedo, hijita? Quédate conmigo. Si haces todas las tareas de la casa como es debido, todo te irá bien. Sólo tienes que poner cuidado en hacer bien mi cama y sacudir bien los edredones para que vuelen las plumas, así nevará en la Tierra. Yo soy la Madre Nieve».

Como la mujer mayor le habló tan cariñosamente, la chica hizo de tripas corazón, aceptó y entró a su servicio. Se ocupaba de todas las cosas y a plena satisfacción de la mujer, y le sacudía vigorosamente la cama, de modo que las plumas salían volando como si fueran copos de nieve. Como recompensa, llevaba una buena vida con ella, y no tenía que escuchar ninguna palabra mala, y todos los días comía cocido y asado. Cuando ya llevaba un cierto tiempo con Madre Nieve, se volvió triste y al principio no sabía qué le pasaba, pero al final se dio cuenta de que sentía nostalgia por volver a casa. Aunque allí le iba mil veces mejor que en casa, sin embargo, sentía añoranza por volver. Y finalmente le dijo: «Siento una pena por volver a casa, y aunque aquí abajo me siento muy bien, no puedo quedarme más tiempo, tengo que subir y volver con los míos». Madre Nieve dijo: «Me complace que desees regresar a casa, y como me has servido tan fielmente, yo misma te acompañaré hacia arriba».

La cogió de la mano y la llevó delante de una puerta grande. La puerta se abrió, y justo cuando la chica estuvo debajo, cayó una grandiosa lluvia de oro, y todo el oro se le quedó pegado, de modo que la cubrió toda de pies a cabeza. «Esto es para ti, como premio por ser tan diligente», dijo Madre Nieve al tiempo que le devolvía el huso que se le había caído en el pozo. Entonces la puerta se cerró y la chica se encontró arriba, no muy lejos de la casa de su madre. Y cuando llegó al patio, el gallo estaba en el pozo y exclamó: «¡Quiquiriquí, nuestra doncella de oro vuelve a estar aquí!».

Entró luego en la casa, donde estaba su madre, y como estaba toda cubierta de oro, tanto ella como la hermana la recibieron muy bien. La chica les contó todo lo que le había pasado, y cuando la madre oyó cómo había conseguido una riqueza tan grande, quiso que la otra hija, la fea y perezosa, tuviera la misma suerte. Le mandó sentarse en el pozo e hilar, y para que su huso se manchara de sangre, la perezosa se pinchó en los dedos y puso las manos dentro de una zarza. Luego arrojó el huso en el pozo y ella misma saltó dentro.

Como su hermana, llegó al bonito prado y continuó caminando por el mismo sendero. Cuando pasó junto al horno, el pan volvió a gritar: «¡Sácame de aquí!, ¡sácame de aquí, que me quemo! Ya estoy cocido». Pero la holgazana le replicó: «¿Crees que tengo ganas de ensuciarme?», y se fue. Pronto llegó al manzano, que gritó: «¡Sacúdeme, sacúdeme! Todas las manzanas están ya maduras». Pero ella respondió: «Lo que me faltaba, me podría caer una en la cabeza», y siguió adelante.

Al llegar a casa de Madre Nieve, no se asustó porque ya había oído que tenía los dientes grandes, y entró inmediatamente a su servicio. El primer día se controló, fue hacendosa y siguió todas las instrucciones que le daba Madre Nieve, ya que pensaba en todo el oro que le regalaría. Pero el segundo día empezó ya a no dar golpe, el tercero aún menos, e incluso se hizo la remolona al levantarse por la mañana. Tampoco le hizo la cama a Madre Nieve como era debido, y tampoco sacudió los edredones para que las plumas salieran volando. Al fin, Madre Nieve se cansó de ella y la despidió.

La holgazana se alegró porque creía que así la lluvia de oro no tardaría en llegar. Madre Nieve la condujo a ella también hasta la puerta, y cuando estuvo debajo, un gran caldero vertió brea encima de ella en vez del oro. «Ésta es la recompensa por tus servicios», le dijo Madre Nieve y cerró la puerta. Y así se presentó la holgazana en casa, cubierta toda ella de brea, y el gallo del pozo, al verla, gritó: «¡Quiquiriquí, nuestra sucia doncella vuelve a estar aquí!». Pero la brea se le quedó pegada y no se desprendió de ella durante toda su vida.

«¿Qué historia es ésta?», te preguntarás. «¿Significa eso: "¡obedece y obtendrás un premio!"?». Claro que no. La primera chica salta al pozo por necesidad, porque ha perdido algo importante. Es decir, atraviesa una puerta y entra en su mundo interior. La segunda chica también lo hace, aparentemente por motivos del todo distintos, lo que, al fin y al cabo, no importa. Tiene la misma oportunidad.

El mundo interior de las dos es maravilloso, pero también tiene necesidades: el manzano y el horno quieren algo, y Madre Nieve quiere que las chicas trabajen para ella. De lo que las dos chicas pueden estar seguras es de que el mundo interior avisa claramente de sus necesidades. Pero las dos reaccionan de manera completamente diferente a los cuidados que sus paisajes interiores necesitan y a los regalos que han crecido en su interior: las manzanas maduras y el pan recién cocido. Madre Nieve, la consejera interior, que conoce todo el mundo interior y que procura que se mantenga en equilibrio, les ofrece a las chicas una iniciación: la entrega absoluta a las necesidades de sus jardines interiores. Se les permite aprender a cuidar de sí mismas, a alimentarse y a hacer lo que queda pendiente para que mantengan un interior rico y sano.

Madre Nieve tiene dientes grandes. Los dientes representan el principio de Saturno, el abrirse paso, la perseverancia, incluso cuando se vuelve incómodo. Saturno es el guardián del umbral. Él decide si se ha realizado la tarea interior o no. Es la piedra de toque. Te pregunta si te tomas en serio lo que quieres. Te reduce a ti y a tus deseos a lo fundamental.

María de Oro responde con un sí a la pregunta de si quiere servir a Madre Nieve, María de Brea con un no.

Y ASÍ DE FÁCIL ES
DESCRIBIR LA ENERGÍA FEMENINA:
ELLA ES EL SÍ. ELLA ES LA ENTREGA A LO QUE LA VIDA NECESITA PARA QUE PUEDA PROSPERAR, INCLUSO CUANDO TE SUPONE UN ESFUERZO.

María de Oro no se pregunta si tiene ganas de sacudir el árbol, sino que lo hace igualmente. Saca el pan del horno porque ya está horneado. Esto significa que no debes vacilar en llevar a cabo algo, sino hacer lo que tu interior te dice que hagas. María de Brea, en cambio, quiere unos beneficios rápidos sin tener que hacer el trabajo interior. Si el oro es el símbolo de la curación, entonces ella quería obtener esta curación sin cambiar interiormente. Se lanza a su mundo interior a través del pozo para obtener el oro. Pero al llegar allí, dice «No» a las necesidades de su paisaje interior.

María de Brea se encuentra con Madre Nieve. De ella podría aprender cómo uno puede afrontar la vida siendo consciente de la propia vida interior. Madre Nieve no le ofrece nada menos que una iniciación a su propia feminidad. ¿Y qué hace María de Brea? Sólo hace como si sirviera a Madre Nieve, quien le da una oportunidad. Finalmente, sin embargo, la devuelve a su vida, bañada completamente con la brea como manifestación visible de su rechazo a entregarse a las leyes internas de la vida y al aprendizaje.

¿Qué salió mal con María de Brea? Vamos a fijarnos primero en sus motivaciones: se tira al pozo porque quiere contentar a la madre y porque quiere tener el oro. Esto está perfectamente bien. El *Manual de iluminación para holgazanes*, el famoso libro de Thaddeus Golas, está de acuerdo con esto. Pues tampoco María de Oro tiene un motivo mejor. Ella se tira por miedo al castigo de la madrastra.

Decir que María de Brea es perezosa es demasiado fácil. Seguramente subestima el valor del servicio que podría prestar a su mundo interior y, con ello, a sí misma, porque nunca aprendió a prestar un servicio. Vamos a ver la siguiente interpretación: como no lo sabe, menosprecia los actos de sacudir el árbol y de sacar el pan del horno por vergüenza. María de Oro, en cambio, aunque fue tratada injustamente, aprendió que es capaz de hacer lo que le piden el horno y el árbol. Fue entrenada a hacer frente a su vida. Sabe que puede alcanzar su objetivo con sus propias acciones. Las partes masculinas de María de Oro, es decir, las que actúan, se entienden estupendamente bien con sus partes femeninas, y las primeras sirven a las segundas. Hace lo que siente que quiere que se haga a través de ella; hace las cosas para las que ha dicho que «Sí». Y éste es el único secreto de una vida plena.

HAZ TODO LO QUE QUIERE QUE SEA REALIZADO A TRAVÉS DE TI. Y NADA MÁS.

¿Tan fácil es? Sí. Y sin embargo, tan difícil de llevar a la práctica. ¿Cuántas veces haces algo aunque no lo quieres hacer? ¿Cuántas veces no haces algo aunque hace meses o años que lo estás guardando y nutriendo en tu jardín interior?

Ponte por un momento en la situación de María de Oro y ten cerca de ti un bolígrafo y papel para escribir. El siguiente ejercicio es una mezcla de viaje interior y un ejercicio de escritura. Vas a imaginarte algo y al mismo tiempo lo vas a poner por escrito. Así que prepárate.

Ejercicio

Imagínate que te has caído por el pozo y has llegado a tu paisaje interior. Es precioso y te sientes muy a gusto allí. Ahora imagínate que tus asuntos, es decir, las manzanas del manzano que plantaste, el pan que tú mismo metiste en el horno hace un tiempo, te están llamando. Escucha cómo tu paisaje interior se comunica contigo.

¿Qué es lo que te está llamando exactamente? ¿Qué es lo que quiere ser resuelto, lo que quiere ser cosechado? Escríbelo ahora mismo antes de que te olvides o de que te disuadas de ello. Hoy no tienes que actuar. Pero obsérvalo.

Ahora imagínate que eres María de Oro y que puedes hacer lo que quiere ser hecho dentro de ti. María de Oro es consciente de que lo sabe hacer, y también está dispuesta a hacerlo. Haz ahora en tu imaginación lo que está pendiente: cosecha las manzanas y saca el pan del horno. ¿Cómo te sientes después de haberlo hecho? Anótalo.

Imagínate otra vez el árbol y el horno, y piensa ahora en María de Brea. Observa su rechazo, su «No». Pregúntale qué necesita para que haga lo que está pendiente por hacer. Escúchala, aunque quizás no la entiendas. Anota su respuesta.

Puedes realizar este ejercicio cada mañana a modo de ritual, preguntándote: «¿Qué manzanas quieren ser cosechadas en sentido figurado?, ¿qué hay que hacer?». Así podrás aprender a confiar en la María de Oro interior como parte de tu Mujer Interior y a darle espacio. Ella sabe qué debes hacer para que te veas colmado todos los días con el oro de una vida plena.

Tu Mujer Interior

aguza intuitivamente

el oído

cuando percibe una

semilla

valiosa

¿Es esto fructífero o puede desaparecer?

En los capítulos anteriores has conocido a tu Mujer Interior y las has guiado hasta la zona de tu paisaje interior donde vive y trabaja. Has entendido que esta zona se queda desierta si la Mujer Interior no está presente y que ella sólo puede cumplir con sus tareas en este lugar. Has comprendido cuáles son tus tareas: enriquecer y dar vida a tu paisaje interior para que puedas aprovechar la energía que sale de ella y puedas dar forma a tu vida. Cuantas más partes de tu interior se encuentren en su hogar ancestral dentro de tu paisaje interior, tanto más realizado y satisfecho te sentirás.

Ahora vamos a ver más de cerca la zona en la que vive tu Mujer Interior. Vamos a visitar su jardín. Vas a aprender qué esquejes puedes arrancar para que no te quiten el espacio para las cosas que quieres que crezcan.

Tómate el tiempo para ello. Tu Mujer Interior necesita de ti sobre todo una cosa: tiempo para mostrarse ante ti en todas sus facetas. Ella no se expresa tanto con lo que tú haces, sino que más bien lo hace con lo que tú notas interiormente cuando no haces nada. Desea que tengas una habilidad que sin duda puedes desarrollar un poco más: la relajación incondicional. ¿Por qué incondicional? La mayoría de las personas sólo utilizan los ejercicios de relajación para volver a ser productivas de nuevo y para funcionar en el exterior, o bien para evadirse de la realidad. Tu Mujer Interior ya es muy productiva, concretamente en tu interior.

El siguiente viaje interior te va a enseñar cómo es el estado interior de tu Mujer Interior. La encontrarás satisfecha en un jardín, sacando fuerzas de la Madre Tierra, y sabe qué tiene que hacer. Este viaje lo podrás aplicar en la segunda parte del libro para cada uno de los doce diferentes jardines cuando lo hayas realizado e interiorizado. Siempre es el mismo viaje; sólo cambia el entorno. Cuando hayas practicado un poco el viaje interior, entonces te vas a dar cuenta muy rápidamente que en tus jardines algo está creciendo que no debería estar allí. Así que vale la pena entrenarlo un poco.

Durante el siguiente viaje interior aprenderás…

- cómo puedes reconocer lo que quieres y lo que no quieres ofrecer en los jardines interiores,
- cómo eliminas de los jardines interiores lo que no quieres tener más,

- cómo tu Mujer Interior deja que la Tierra le suministre energía,
- cómo puedes comunicar con tu Mujer Interior,
- cómo se percibe a la Mujer Interior cuando está en su energía.

Viaje interior

En tu imaginación, atraviesa una puerta. Un camino detrás de la puerta te lleva a un jardín precioso. Es muy fértil, hay árboles frutales, huertos y flores por todas partes. Aquí encontrarás todo lo que necesitas para estar bien abastecido.

Ves a tu Mujer Interior en este paisaje. Cuida las plantas y se asegura de que se desarrollen bien y den frutos. Ahora la Mujer Interior se sienta bajo un árbol y se apoya en el tronco. Ves cómo está sentada en el suelo y apoyada en el árbol. Cierra los ojos y la energía fluye hacia ella desde la tierra. Se vuelve pesada de una manera muy agradable y se siente completamente llena y nutrida.

Aprendes lo siguiente: cuando tu Mujer Interior está llena de energía, entonces esta energía también está disponible en tu vida. Tu Mujer Interior cultiva tu paisaje interior por puro amor y hace lo que hay que hacer. Te das cuenta de que todo lo que has sembrado en tu vida se desarrolla en este jardín, todos tus deseos, todos tus sueños crecen y prosperan aquí. Tu Mujer Interior se encarga de ello. Eres consciente de lo importante que es tener muy en cuenta qué le das a la Mujer Interior, ya que ella se ocupa incondicionalmente de todo lo que crece aquí.

Ahora se vuelve hacia ti y te mira. «Estoy conectada con la energía de la Tierra», dice. «Mi energía es infinita y estoy completamente a tu disposición. Alimento y guardo todo lo que me confíes». Le das las gracias a tu Mujer Interior y estás muy tranquilo porque ella se ocupa de todo de una manera tan fantástica. Sabes lo importante que es que ella realmente cuide de tus plantas interiores, no de las de otros.

De repente te das cuenta de que en este jardín también hay plantas que no son tuyas y que no quieres tener aquí contigo. Pasea por el jardín y arranca todo lo que no te pertenezca. Reconocerás enseguida qué plantas son las tuyas y cuáles incorporaste de otras personas. Las plantas que no son tuyas pueden sacarse fácilmente de la tierra. Pero si hay algunas plantas resistentes, entonces pregúntales si son tuyas o no. Deben responderte a esta pregunta de manera honesta. Si no son tuyas, en este caso haz uso de la fuerza si es necesario para arrancarlas. Las plantas que no son tuyas y que no has arrancado se secan al instante y se convierten en polvo.

Tu Mujer Interior se sentirá muy aliviada, porque esto le ahorra el trabajo que no tendría que hacer en absoluto. Ahora tendrá mucho más tiempo para cuidar de las plantas que son realmente tuyas. Es necesario que tengas presente volver aquí con regularidad para mirar si han arraigado algunas plántulas en tu jardín que no sean tuyas.

Tranquilo y relajado, te despides de tu Mujer Interior. Sabes que ella se ocupará de todo. Le has hecho un gran servicio a ella, y a ti también, al eliminar todo lo que no te pertenece del jardín. Sabes que tu Mujer Interior se nutre a sí misma una y otra vez con la energía de la Madre Tierra. Puedes contar con ello. Ella te proporcionará de forma inquebrantable todo lo que quieras hacer crecer en tu interior. Vuelves a mirar a tu alrededor y ves que todo está en orden. Tu Mujer Interior sabe lo que tiene que hacer y lo hace con amor y devoción. Ahora atraviesa la puerta de nuevo y vuelve al espacio donde te encuentras físicamente.

Ahora tienes todo lo que necesitas para poderte ocupar bien de tu paisaje interior y para cosechar los frutos que producen tus jardines interiores cuando tu Mujer Interior cuida de ellos.

Tú tienes...

- la cesta donde reúnes todo lo que te gustaría interiorizar,
- los jardines interiores como símbolo de tu mundo interior,
- tu Mujer Interior como símbolo de tu fuerza que nutre y se entrega instintivamente.

Y has entendido que...

- puedes decidir tú mismo qué interiorizas y qué no,
- puedes influir en lo que tú quieres nutrir o no con tu atención utilizando la imagen interior de la cesta,
- eres responsable de cómo gestionas tus tesoros y tus fuerzas interiores.

En la segunda parte del libro, vamos a ver los diferentes jardines de la Mujer Interior. ¿En qué te ayudará esta visita? Verás que existen muchas áreas internas diferentes. Las puedes utilizar todas. Notarás qué te sienta bien y en qué jardines te quedas demasiado tiempo o demasiado poco. Aprenderás a sentir tu interior como una fuente de energía y un lugar donde sentirte bien y donde te podrás retirar.

Estar contigo mismo, estar en tu propio hogar y en los lugares interiores donde te sientes bien hará que seas libre e independiente, especialmente en las relaciones personales. Te convertirás en tu propia zona de confort y podrás sacar fuerzas de tu fuerza interior en cualquier situación y siempre que quieras. Entrarás en contacto con tu sabiduría interior, y puedes estar seguro de que te vas a ocupar de lo que quieres tener en tus jardines interiores. Sólo de esto y de nada más. Ganarás más energía y autonomía. Aprenderás a confiar en ti, porque sabrás cómo organizar tu vida a partir de tu mundo instintivo y natural.

A continuación, sólo tendrás que seleccionar los temas que son importantes para ti en estos momentos. Como ya se mencionó anteriormente, puedes leer los capítulos por separado. Si no sabes qué jardín es el mejor para ti ahora mismo, entonces consulta el índice y pídele a la Mujer Interior que te muestre intuitivamente qué necesitas ahora. Confía en ella y utiliza tanto el viaje interior como las preguntas de *coaching*.

Segunda parte

Los doce jardines de la Mujer Interior

Ya has aprendido gracias a un ejemplo que pueden surgir malentendidos porque las personas viven en diferentes jardines y por eso tienen diferentes necesidades: Nadja quiere ponerse cómoda en el sofá y leer, mientras que Lisa quiere hablar de cómo fue el día y charlar. Nadja, que se encuentra en uno de sus jardines interiores que sirven para su regeneración (por ejemplo, en el jardín del placer de la abundancia sensual), escucha todo lo que le dice Lisa. Se pasa al jardín secreto de las fuerzas curativas ocultas o al jardín del alma de la intuición espiritual, en el que puede consultar información del nivel del alma. Pero Lisa se encuentra en el jardín interior de las mariposas. Podemos llamarlo así, porque las mariposas son seres fugaces y sin apenas peso. Se trata del jardín para charlar, reír, tener conversaciones superficiales y donde uno saca su fuerza de estar con otras personas sin tener que reflexionar sobre temas serios. Lo que se dice en este lugar sirve como entretenimiento y para el intercambio de información libre de preocupaciones.

Dividimos los doce jardines en cuatro temas diferentes, que vinculamos con los cuatro elementos: agua, tierra, aire y fuego. Los doce signos del zodíaco se dividen en estos cuatro elementos, y esto también tiene sentido.[8]

- El agua representa tu mundo emocional, tu espiritualidad y tu pregunta interior: «¿Qué siento yo y qué me emociona?».

---

8. Encontrarás más información sobre los elementos en mi libro *La brújula de la vida* y en el juego de tarjetas *Brújula de la vida. Tarjetas*, ambos publicados en la editorial Schirner Verlag.

- La tierra simboliza tu cuerpo y la manera como gestionas tus recursos materiales y tus circunstancias. Hace la pregunta: «¿Qué me mantiene y me alimenta?».
- El aire representa el mundo de tus pensamientos y tu capacidad de reconocer las relaciones a nivel mental. Hace la pregunta: «¿Cómo pienso y qué reconozco?».
- El fuego representa tu energía, tu pasión y la pregunta vital: «¿Qué es lo que anhelo y qué me inspira?».

En cada uno de los jardines crecen aspectos especiales de cada uno de los elementos predominantes. Una vez más para que se entienda bien:

- El jardín es el símbolo del elemento tierra, el que también se asocia a la Mujer Interior, porque ella es la guardiana y la que nutre con devoción.
- Las diferentes fuerzas de los doce jardines forman sinergias con la Mujer Interior que nutre, y muestran tus distintas fuentes de energía interiores.
- Si conoces tus jardines interiores, entonces puedes entender de qué fuerzas dispones y cómo las puedes utilizar.

Primero vamos a ver cada uno de los diferentes jardines con la ayuda de un ejercicio de imaginación. Mientras vayas leyendo, permite que las palabras se conviertan en imágenes. En el subsiguiente viaje interior, vas a reconocer si puedes emplear la fuerza del jardín respectivo de manera provechosa para ti mismo y cómo puedes utilizar esta fuerza de manera aún mejor. Durante el viaje interior, imagínate que llevas siempre contigo tu cesta, aunque no se mencione expresamente. En algunos viajes interiores la necesitamos, en otros no. Las preguntas de *coaching* te ayudan a integrar la fuerza del jardín en tu vida cotidiana. Leer las preguntas de *coaching* en voz alta o pedir que te las lean puede serte de mucha ayuda, porque en este caso se activan más partes del cerebro que si sólo las lees para ti. Si te resulta útil, grábalas en tu grabadora.

¿Cuál es la diferencia entre el ejercicio de imaginación y el viaje interior? Durante el viaje interior, atraviesas conscientemente una puerta que te lleva a tu mundo interior, mientras que en el caso del primer ejercicio de imaginación del jardín no lo haces. Durante el ejercicio de imaginación, utilizas tu fantasía para ver las imágenes interiores. Sólo tienes que imaginarte lo que estás leyendo, como cuando lees una novela con descripciones ilustrativas. El objetivo no es llegar al subconsciente explícitamente. El ejercicio de imaginación sirve para conocer el jardín sin que entres en un proceso interno. El viaje interior, en cambio, es como una sesión hipnoterapéutica. Te imaginas algo, y así tus imágenes interiores te dan información sobre tu interior. En los dos casos se trata de imágenes interiores, pero durante el viaje interior te encuentras en un estado de conciencia meditativo que te permite acceder a tu subconsciente.

Otra vez como recordatorio: si no sabes qué jardín es el mejor para ti ahora mismo, consulta el índice y pídele a la Mujer Interior que te muestre intuitivamente qué necesitas en estos momentos. Confía en ella y utiliza tanto el viaje interior correspondiente como las preguntas de *coaching*.

Tu Mujer Interior

cuida intuitivamente

de tu

bienestar

y se asegura

de que respetes

tus límites

El mundo de tus sentimientos en los jardines del agua

Un estanque de nenúfares, un arroyo, una cascada, una piscina o la vista del mar desde el jardín transmiten vastedad, entrega y movimiento. El agua que fluye anima y tranquiliza al mismo tiempo. Una bañera de hidromasaje en el jardín, por ejemplo, aporta seguridad, sensualidad y una agradable relajación. Los jardines acuáticos nos conectan con nuestro propio río interior. Veamos ahora las posibilidades y los poderes de los tres jardines acuáticos. Si quieres, permítete sentir la fuerza de estos jardines dentro de ti.

El jardín de la Luna sueños románticos (cáncer)

Ten algo preparado para escribir de modo que puedas anotar tus impulsos.

EJERCICIO DE IMAGINACIÓN

Imagínate que atraviesas un arco de rosas aromáticas y que entras en un jardín nocturno alumbrado por la Luna llena. Un estanque de nenúfares reluce con un tono plateado a la luz de la Luna. Hay unos finos velos de niebla sobre los rosales de rosas blancas.

Te sientas en la orilla del estanque y observas los nenúfares abiertos. Casi te parece como si estuvieran danzando elfos a la luz de la Luna. «¿Qué es posible en este jardín?», te preguntas, y recibes una respuesta: «Aquí puedes soñar», te susurran los elfos al oído. Sigues mirando cómo centellea el estanque y te das cuenta de que te podrías perder dentro. Te vienen a la mente visiones, y te acuerdas de sueños hace tiempo olvidados y que tuviste para tu vida. La fragancia de las rosas blancas te envuelve. Un vago anhelo indeterminado te invade y te vuelves a preguntar: «¿Qué es posible aquí?».

«Sueña con el romanticismo y la ternura», susurran los elfos. «Procura que en tu vida haya delicadeza y seguridad».

Asientes con la cabeza. Notas cómo esto te lleva a fluir y lo bien que te va bañarte a la luz de la Luna plateada. Algo se abre en ti, y por eso te das cuenta de que te has cerrado un poco, posiblemente porque temes perderte en tus sueños.

«Aquí tu Mujer Interior planta los sueños que no son de este mundo», musitan los elfos, «y nosotros los guardamos. Ellos enriquecen y hechizan tu vida, y a veces incluso se convierten en realidad». Te quedas sentado pensando en el estanque de nenúfares, que brilla a la luz de la Luna. Este jardín tan romántico te emociona.

Cuando tu Mujer Interior se encuentra en casa en este jardín y lo utiliza, entonces te sientes animado y realizado en tu vida cotidiana. Tú te haces responsable de tu seguridad emocional creándote una vida llena de ternura y de seguridad. Eres consciente de que te vas a sentir muy bien si te acurrucas en la cama o en un sillón, te concedes un poco de descanso y realizas tus sueños en la medida de lo posible. Puedes dejar fluir tus sentimientos libremente sin perderte dentro de ellos.

En este jardín puedes experimentar tus fuerzas maternales y cuidadosas. Estás en contacto con tus cualidades emocionales de la empatía y del amor incondicional. Eso hace que este jardín sea un lugar interior de curación, pero al mismo tiempo de preocupación por los demás. Rebosas de amor y de ansia por curarlo todo. Quieres que el sueño que tienes de un mundo mejor se haga realidad y en este jardín no puedes imaginarte que tú mismo tienes límites. Aquí sientes que eres afectuoso sin fin. Esto es maravilloso, y para eso está este jardín.

El siguiente viaje interior te va a ayudar a sentir aún mejor el poder del jardín interior.

Viaje interior

Permítete ponerte cómodo y en tu imaginación atraviesa una puerta para llegar a tu paisaje interior. Un camino resplandeciente te conduce directamente al jardín de la Luna de tus sueños. Atraviesa el arco de flores y entra en el brillante paisaje de tono plateado. Déjate hechizar y disfruta de la dulzura de este jardín. Sientes que algo en ti se relaja y se expande. Pídele a tu Mujer Interior que se te muestre en este jardín.

Ahora ella aparece con un vestido de tono plateado. Parece una diosa de la Luna. Te toca con suavidad, y te liberas de todo lo rígido y fatigado que hay en ti. Te vuelves tierno y apacible por dentro. «Acuérdate de tus sueños», dice ella, y aquí, en este jardín de plata, puedes hacerlo. Te lleva a lo más profundo del jardín.

En el centro del jardín hay un gran estanque de nenúfares. Las flores abiertas brillan de una forma irreal. Vas hacia el estanque. La luz de la Luna proyecta un rayo de luz plateado directamente delante de tus pies y te regala una columna con la luz de la Luna. «Colócate dentro», dice tu Mujer Interior, y lo haces. La luz de la diosa de la Luna fluye a través de ti al instante. Ella te toca

con dulzura y compasión donde las necesitas. «Deja ir todo lo que está herido», dice tu Mujer Interior, y sientes cómo algo dentro de ti se suelta y fluye hacia abajo. «Suelta también todo lo que sientes por todos los demás», dice, y tú notas que en realidad sientes muchas cosas que no son tuyas. De nuevo, muchas cosas fluyen fuera de ti y se diluyen en la luz de la Luna. «¿Ves los nenúfares?», pregunta la Mujer Interior. «Emanan compasión, envían un amor bondadoso a todo tu cuerpo y son especialmente importantes para tu Niño Interior. Si quieres, puedes tumbarte en uno de los nenúfares y dejarte envolver por el amor y la compasión».

Asientes con la cabeza y sientes que te vuelves muy pequeño. Tu Mujer Interior te levanta y te coloca en el más bello de los nenúfares. Los pétalos cerosos son de un delicado color rosa, y te hundes en la suavidad del nenúfar. Su fragancia te aporta paz y te quita la tristeza de todo lo perdido. «Quédate tanto tiempo como quieras», dice tu Mujer Interior, «volveré a buscarte cuando hayas terminado».

Al cabo de un rato, sientes que ya es suficiente por hoy. Tu Mujer Interior te devuelve a la tierra firme y vuelves a tu tamaño normal. Relajado y en paz, ahora atraviesas la puerta y regresas al lugar en el que te encuentras físicamente.

Puede ser que te hayas dado cuenta de que hay muchos sentimientos en ti que no son tuyos. Es posible que hayas sentido remordimientos cuando quisiste soltarlos. Dado que la fuerza de este jardín es especialmente la compasión, tomamos muchas cosas más bajo nuestra protección de lo que es bueno para nosotros. Esto probablemente lo hacemos para sentirnos amados, pero también por empatía y debido al deseo de que le vaya bien a todo el mundo. Nuestro sueño de un mundo mejor, más cariñoso y más intacto, tiene su origen en este jardín. Dejemos que eche raíces aquí, aquí es donde debe estar.

Al mismo tiempo tenemos que tener cuidado en no intentar salvar a todas las personas, los animales, las plantas y a toda la Tierra, por mucho que queramos hacerlo. Más importante que salvar a todo el mundo son las preguntas: «¿Qué puedo hacer por mí cada día que sea bueno y lleno de amor? ¿Cómo puedo poner en práctica esta bondad y este amor cada día?».

Los próximos días, busca sueños olvidados. Olvidamos y reprimimos los sueños porque su puesta en práctica fracasó y por eso nos sentimos heridos. Nos volvemos «sensatos» y reconocemos que de hecho no se puede realizar todo en este planeta, por mucho que lo deseemos. Puede que te hayas llevado una gran decepción en tu vida amorosa o siendo madre o padre. Ten el valor de volver a tomarte en serio tus sueños olvidados y reprimidos. Tu Mujer Interior te dirá si ha llegado el momento de la realización o no. Ella plantará tus sueños como si fueran semillas en la blanda tierra del jardín de la Luna, los cuidará y los nutrirá, y te entregará los frutos cuando hayan madurado. No podemos saber antes de tiempo cómo serán estos frutos, pero podemos estar seguros de que serán los adecuados.

Deja que las imágenes interiores te influyan un poco más. Cuando estés preparado, tómate el tiempo necesario para responder a las siguientes preguntas:

- ¿Te sientes seguro en este jardín de tus sueños o tienes miedo de perderte aquí?

- Supongamos que temes perderte a ti mismo: ¿cómo puedes proporcionarte seguridad sin encerrarte?
- ¿Qué sueños, especialmente de amor, guarda tu Mujer Interior en este jardín de la Luna?
- ¿Son tus sueños o los que has asumido, por ejemplo, de tus padres, de la sociedad o del cine?
- Supongamos que sabes cómo pueden convertirse tus sueños en realidad: ¿cómo lo harías?
- ¿Qué es para ti el romanticismo?, ¿podrías hacer que tu vida amorosa fuera más romántica, ya sea si estás solo o con una pareja?
- ¿Cómo podrías regalarte aún más seguridad?

Tómate tiempo para las respuestas. Si no las sabes, no pasa nada. Las mismas preguntas producen un cambio de conciencia.

El jardín del alma de la intuición espiritual (piscis)

Ten algo preparado para escribir para que puedas anotar tus impulsos.

EJERCICIO DE IMAGINACIÓN

Imagínate que entras en un jardín que no parece ser de este mundo. Es un jardín de meditación, pensado sólo para encontrar la calma y para que te puedas entregar a tus visiones, a tus presentimientos y a tu sosiego interior. Este jardín puede cambiar de forma. Puede ser una playa arenosa y blanca que flanquea un mar de azul intenso o de verde turquesa y que te invita a meditar, o bien un jardín fragante que te cautiva con la abundancia de sus flores, o un jardín zen, que te tranquiliza.

El jardín del alma sólo va de una cosa: comunicarte con tu alma, con tu verdad interior, y de este modo también contigo mismo. Cada vez que entres en él, puede tener otro aspecto, pero una cosa siempre es igual: en este jardín alcanzas otra conciencia, superior, simplemente estando dentro. Este jardín se representa siempre de la manera cómo tú lo necesitas, para que puedas conectar contigo mismo.

En este jardín hay una escalera de caracol de luz que te comunica con los niveles más elevados de tu ser. Sólo tienes que subir y enseguida te encontrarás en los niveles de los que puedes obtener información para tu vida, o simplemente cobras fuerzas del hecho de estar con tu alma. Además, hay un punto de encuentro diseñado mágicamente, quizás un pabellón o dos asientos delante de un fuego de campamento, en el que, siempre que te entregues, te puedes encontrar con tus ángeles de la guarda, tu guía superior, tu alma gemela o con tu alma.

Este jardín sólo es para ti. Es el más sagrado de los doce jardines. Desde aquí puedes comunicar con todas las fuerzas espirituales llenas de luz que quieras conocer.

Si tu Mujer Interior se encuentra en casa en este jardín, entonces se asegura de que las energías en él sean luminosas. Se asegura de que no albergues ilusiones y de que estés en contacto con tu verdadera voz interior. Ella puede diferenciar si estás soñando algo en vano y por eso te estás engañando, o bien si tus visiones son ciertas. Especialmente durante el proceso de encontrar un alma gemela o al cumplir tu vocación y tu destino, ella es una gran ayuda, porque sabe qué es auténtico y qué no.

Las plantas de este jardín son de naturaleza espiritual. Simbolizan o bien una fantasía espiritual o ilusiones, o bien una guía espiritual auténtica y visiones. Sin embargo, imagínatelas como plantas reales para poder trabajar con ellas durante la meditación. Cierra los ojos y pide a tu interior que te dé dos plantas simbólicas distintas:

- una para las ilusiones que te nublan la vista de lo que es auténtico en ti,
- otra para las visiones y los mensajes auténticos y verdaderos.

Estas plantas van a enseñarte durante los siguientes viajes interiores qué es auténtico y qué no. Algunas personas ven las dos veces la misma planta, pero en la ilusión una está, por ejemplo, marchita, mientras que en la visión real la otra está sana y es fuerte.

En este jardín, tu Mujer Interior guarda el contacto con tu alma, con el plan que tiene tu alma y con tu guía divina. ¿Esto te parece demasiado espiritual? A ver qué tal con esta interpretación: tu Mujer Interior custodia en este jardín la mejor visión de la vida y de ti mismo. Puedes venir a buscar siempre que quieras tu proyecto de vida. Con esto quiero decir que en este jardín encontrarás la visión más satisfactoria que tienes para tu vida. Da igual qué «poco realista» pueda ser esta visión. Puedes imaginarte que podría ser doloroso conocer esta visión y darte cuenta de que hasta ahora no la pudiste poner en práctica completamente o sólo con un gran esfuerzo.

En el siguiente viaje interior vas a obtener energía para tu visión espiritual para que puedas hacerla realidad en tu vida con facilidad y donaire. Vas a reconocer qué visiones son en realidad ilusiones, y las eliminarás del jardín del alma. Además, este jardín especial tiene una función muy curativa que vas a conocer durante el viaje interior.

Viaje interior

En tu imaginación, atraviesa una puerta. Un camino te guía por otra puerta hasta el jardín del alma, que no parece ser de este mundo. Pero puedes entrar en él fácilmente. Mira a tu alrededor, y disfruta de la belleza sobrenatural de este jardín, que puede tener un aspecto diferente cada vez.

Tu Mujer Interior se muestra en este jardín en forma de figura de luz en la que confías para conocer y moverte tanto sobre la Tierra como en las esferas espirituales. Le pides que te guíe por el jardín y que te enseñe qué cosas no te pertenecen. Son sobre todo los dogmas punitivos de la Iglesia y las limitaciones mentales lo que te impiden reconocer y sentir tu plena energía espiritual. La Mujer Interior te enseña con las plantas, que representan ilusiones, lo que no te pertenece. Tómate tu tiempo para arrancarlas. Se desintegran y se convierten en polvo en cuanto las sacas de la tierra.

La Mujer Interior te guía hasta la escalera de caracol de luz. Los peldaños son estables, puedes subir con facilidad. Subes peldaño a peldaño cada vez más alto, y tu conciencia va cambiando. Se abre progresivamente a todo lo que es posible en tu vida. Quizás sientas mientras vas subiendo que hay partes de ti que se encuentran mejor y más seguras aquí arriba que en la Tierra. Sigues aún más alto y sigues estando a salvo. Aunque son de luz, los peldaños son estables.

Ahora tienes la sensación de que has llegado. Una mano de luz se extiende hacia ti y te muestra algunas bolas de luz brillantes y es como si la propia alma te tendiera la mano.

«Éstas son las semillas de tu alma para ti», dice una voz muy reconfortante. «Dáselas a la Mujer Interior. Las plantará en el jardín del alma para que se conviertan en planes y acciones». Tomas las bolas de luz. «Si quieres, tiéndeme ahora la mano», dice la voz. «Todas las partes que quieran ir a mi casa pueden venir. No tienen que quedarse en la tierra. Al mismo tiempo, si lo permites, te confiaré nuevas partes del alma para tu vida en la Tierra. Son todo partes de tu propia alma, así que puedes confiar plenamente».

Notas cómo la energía fluye hacia la mano y que cada vez te sientes más ligero y libre en tu interior. También notas que la nueva energía mana dentro de ti y que te regala nuevas ganas de vivir.

«Vuelve a bajar, y dale a tu Mujer Interior estas semillas del alma», dice la voz en algún momento con un amor infinito.

«Vuelve cuando te sientas llamado a hacerlo».

Bajas la escalera de luz animado y le entregas a tu Mujer Interior las semillas del alma. «Las voy a plantar, guardar y nutrir para que puedas vivir tu destino», dice, y te mira con tanto amor como lo ha hecho la voz arriba en la escalera cuando te ha hablado. Profundamente relajado y sosegado, vuelves por la puerta al espacio donde te encuentras físicamente.

Es perfectamente correcto encomendar de nuevo partes del alma que han cumplido con su cometido a tu alma, puesto que, mientras están en el cuerpo, atraen una y otra vez los mismos retos. Además, es muy útil y saludable recoger nuevas partes del alma cuando te sientes llamado a ello. No tienes que saber cuáles son. Tu alma sabe exactamente cómo quiere actuar en la Tierra. En este jardín encontrarás tu conexión consciente con ella.

Deja que las imágenes interiores te influyan un poco más. Cuando estés preparado, tómate el tiempo necesario para responder a las siguientes preguntas:

- ¿Qué es posible para tu vida cuando sabes que puedes sacar fuerzas de un lugar tan hermoso y sagrado en tu interior?

- ¿Qué aspecto puede tener este lugar para ti?
- ¿Cómo puedes confiar en lo que experimentas por ti mismo en este jardín interior?
- ¿En qué puede ayudarte este lugar interior?
- ¿Estás dispuesto a abrirte y confiar en tu lugar sagrado?
- ¿Cómo puedes usar para ti mismo la fuerza de este lugar interior sin perderte en él?
- ¿Cuáles de tus asuntos sientes que están especialmente en buenas manos en este jardín del alma?

Tómate tiempo para las respuestas. Si no las sabes, no pasa nada. Las preguntas por sí solas ya producen un cambio de conciencia.

El jardín secreto de las fuerzas curativas ocultas (Escorpio)

Ten algo preparado para escribir para que puedas anotar tus impulsos.

EJERCICIO DE IMAGINACIÓN

Imagínate que entras en un jardín sombrío y encantado. Además de una gran cantidad de plantas tiernas y prolíferas, hay una especie de cocina en la que están hirviendo unos líquidos extraños en una caldera encima del fuego, casi como si una bruja estuviera preparando sus pociones mágicas. Te armas de valor para adentrarte en el jardín y mirar a tu alrededor.

De repente, te das cuenta de que en este jardín radican tus fuerzas interiores más oscuras, las fuerzas que no te gusta mostrar hacia fuera porque puede que sean hirientes o complicadas. Aunque esto quizás no te guste, en este jardín crecen sobre todo plantas venenosas. Tienen propiedades curativas si se usan correctamente, pero también pueden causar daño. Ves que estas plantas venenosas son en parte muy grandes y muy antiguas, como si las hubieras recibido de tus antepasados.

Reconoces el indomable poder que encuentras en este lugar. En este jardín hay mucho poder curativo: para ti, para otros, incluso para colectivos enteros. Te das cuenta de que aquí debes ser muy sincero y cuidadoso contigo mismo para no herirte con las plantas venenosas sin querer. Cuanto más mires a tu alrededor y cuanto más dispuesto estés a aceptar lo que ves, tanto más útiles serán las plantas medicinales. Aquí, más que en cualquier otro jardín, están mucho más en contacto con el poder femenino sobre la vida y la muerte. Esto puede que te infunda respeto, lo cual es lo correcto.

¿Qué significa el poder femenino sobre la vida y la muerte? Igual que el cuerpo femenino puede dar a luz, también vive la muerte todos los meses cuando el óvulo no fecundado muere. Al igual que una mujer puede decidir interrumpir un embarazo o no, la fuerza de este jardín también puede dar vida o ser letal. Aquí, puedes imaginarte a tu Mujer Interior como una sabia curandera y herborista o como Lilit, la «diosa de la oscuridad» o «la nocturna», que elimina muy claramente de tu vida lo que ya no pertenece a ella, y que sana lo que puede ser sanado.

Al igual que la dedalera, por ejemplo, puede ser un medicamento para el corazón o un veneno mortal según la dosis, tú también puedes utilizar el poder del jardín para destruir donde se necesita la destrucción o para llevar la curación donde sea necesaria. A veces traer la curación significa destruir algo que ya no es útil. Lilith lo sabe y te ayuda a afrontar esta verdad. En este jardín también puedes rastrear temas ancestrales venenosos, ya que es el jardín de los secretos oscuros.

Si estás preparado, entonces utiliza el siguiente viaje interior para trabajar con tu Mujer Interior para eliminar todo lo que te envenena y para transformar esas plantas en los remedios que necesitas.

Viaje interior

Permítete relajarte, y en tu imaginación atraviesa una puerta con tu cesta. Un camino te guía por otra puerta hasta el jardín oculto de tu poder curativo.

Tu Mujer Interior viene hacia ti. Parece una curandera y herborista, tal vez incluso una bruja. Te lleva a su cocina y te ofrece un vaso con un líquido que bebes. Es posible que sea amargo. «Esto te ayudará a desintoxicarte y te protegerá», te dice tu Mujer Interior, y tú sabes que necesitas ambas cosas, sobre todo emocionalmente.

«Deja que te guíe por el jardín», dice tu Mujer Interior, y estás encantado de seguirla.[9] No quieres vagar solo por este jardín, porque sabes lo venenosos que pueden ser algunos lugares. Ella va delante y señala algunas plantas. «Éstas deberías arrancarlas», dice, «ya hace muchísimo tiempo que crecen aquí y sus esquejes van pasando de generación en generación. Envenenan el suelo y ocupan el espacio para nuevas hierbas medicinales». Te ofrece un par de guantes y unas gafas protectoras. «Tienes que arrancarlas tú mismo, esto no puedo hacerlo por ti», dice, y te pones a trabajar. La poción mágica que has bebido te protege y puedes eliminar las plantas sin preocuparte. Mientras lo haces, quizás sientes las cuestiones que están en juego en este lugar. Le entregas las plantas arrancadas a la Mujer Interior.

Ella enciende un fuego que arde con una llama violeta y las arroja dentro. El fuego violento quema las plantas. «Incluso el polvo en el que se desintegran las plantas es venenoso», te explica.

Ahora, la Mujer Interior derrama un líquido en los restos del fuego. «Esto neutraliza el veneno emocional de la vergüenza y hace que el suelo vuelva a ser fértil», dice, y tú te alegras de que ella sepa qué hay que hacer. Te ofrece un vaso con el destructor de la vergüenza, y también bebes de este líquido.

---

9. A partir de aquí puedes continuar el viaje de la manera como se propone en el penúltimo punto de las preguntas de *coaching* de las páginas 109-110.

«Al fondo de tu cesta encontrarás las semillas que yo puedo plantar ahora», dice. «Las plantas maduras te ayudarán a vivir tu vida de manera autónoma y libre en tu interior, aprendiendo a decir «no» cuando sea necesario, con lo que expresarás tu «sí» a ti mismo con más firmeza». Metes la mano en la cesta y encuentras un par de semillas oscuras. Se las entregas a la Mujer Interior. «Las guardaré y prepararé con ellas medicinas cuando sean maduras», dice, y confías en ella por completo. No tienes que saber qué crece en este jardín, pero sabes que te va a ayudar. Sintiéndote en tu interior más ligero y libre que antes, abandonas el jardín y vuelves por la puerta al espacio donde te encuentras físicamente.

Cuanto más consciente eres de este jardín interior, menos peligro corres de frecuentarlo sin saberlo y de envenenarte a ti mismo reprimiendo tus instintos de supervivencia más fuertes e intransigentes, y jugando a ser la niña obediente o el niño bueno y dejando que la vergüenza de tus antepasados siga actuando. Así que cuanto más conozcas este jardín secreto, mejor podrás asumir la responsabilidad de lo que realmente quieres.

Deja que las imágenes interiores sigan haciendo efecto. Cuando estés preparado, quizás quieras responder a las siguientes preguntas. Permite que las preguntas se aseguren de que las respuestas surjan de las partes del cerebro en las que están esperando ser descubiertas.

- Si dentro de ti hubiera instintos de supervivencia inconscientes que te pudieran ayudar a vivir más libremente y con más autonomía, ¿qué instintos serían? Aunque no lo sepas, ¿cuáles podrían ser?

- Suponiendo que sabes qué instintos de supervivencia te podrían ayudar, ¿qué necesitas para que puedas darles aún más libertad de acción en tu vida?
- Durante la meditación has bebido una pócima mágica contra la vergüenza. ¿Qué más sería posible en tu vida si tuvieras menos vergüenza?
- ¿Cómo puede ayudarte el jardín secreto a organizar tu vida cotidiana de manera más intuitiva y para ti más saludable?
- ¿Qué asunto te gustaría confiar a tu Mujer Interior para que lo guarde y lo cuide en este jardín secreto?
- Aunque no aparezca en el viaje interior, en este jardín crece la planta de tu sexualidad. ¿Qué tal si acudes a esta planta durante un viaje interior con tu Mujer Interior y la contemplas con más detenimiento? Utiliza para ello el viaje interior descrito anteriormente (página 107) y pídele a tu Mujer Interior que te guíe hacia la planta de su sexualidad. Ella te va a mostrar qué necesita esta planta para crecer y prosperar.
- En caso de que hasta ahora hayas demonizado tus deseos más oscuros y secretos, ¿cómo podrías darte cuenta de que son la clave de tu interior más profundo y que te dan fuerzas?

El poder de este jardín resulta, como ya se ha descrito, de tus necesidades sexuales y emocionales más profundas e inconscientes. No es un jardín de mimos en el que debes relajarte, sino un jardín en el que puedes y tienes permiso de observar y hacerte tuyos tus impulsos más fuertes. Por eso, tómate tiempo para las respuestas. Si no las sabes, no pasa nada. Las preguntas por sí solas ya producen un cambio de conciencia.

Tu Mujer Interior

necesita un

tiempo

sin interrupciones

para poder sentir

si lo que

guarda y nutre

sigue siendo lo adecuado

para tu vida

El mundo de tus fuerzas físicas en los jardines de la tierra

La tierra fértil y blanda, los deliciosos frutos de un arbusto, la solidez y la estructura tranquilizadora de un árbol o de una roca y nuestra propia energía corporal nos aportan seguridad y estabilidad. Podemos encomendarnos a la plenitud de la vida que nos proporciona todo lo que necesita nuestro cuerpo. Los jardines de la tierra nos unen con nuestra humanidad física y con el orden y la estructura de la materia que proporcionan estabilidad. Al igual que un cristal es tanto más claro y puro cuanto mejor mantienen sus moléculas el orden de su estructura, tu fuerza vital, tu chi, fluye tanto más ligeramente cuanta más estructura sana tengan tus circunstancias terrenales. Veamos ahora las posibilidades y las fuerzas de los tres jardines de tierra. Si quieres, permítete sentir la fuerza de estos jardines dentro de ti.

El jardín rocoso de la estabilidad intemporal (Capricornio)

Ten algo preparado para escribir de forma que puedas anotar tus impulsos.

EJERCICIO DE IMAGINACIÓN

Imagínate que entras en un jardín sombrío y encantado que tal vez te recuerde un jardín zen japonés. Las plantas aromáticas, las hierbas, los pequeños arbustos de hojas perennes y los guijarros brillantes y blancos rellenan los huecos entre las piedras. Nada superfluo distrae la vista. Te das cuenta de que todo lo que hay en este jardín está exactamente donde debe estar, y te relajas con esta claridad.

Un camino de arena te guía por el jardín. Detrás de cada curva del camino hay nuevas formaciones rocosas cubiertas de musgo y hiedra. Cuanto más te adentras en el jardín, tanto más antiguas te parecen las piedras. Ya hace tiempo que están aquí, y gracias a su imperturbabilidad te brindan tranquilidad y seguridad. Sientes la solidez de estas antiquísimas piedras fluyendo a través de ti. Te das cuenta de que aquí no hay espacio ni para las ilusiones ni para la falta de claridad.

Tu camino te sigue guiando a través del jardín, y en el centro del jardín descubres un lugar especial: un círculo de piedras antiquísimo. Sientes literalmente el zumbido de la energía en el círculo de piedras, y sabes intuitivamente que tu Mujer Interior se conecta en este lugar con las corrientes eternas del espacio y el tiempo. Esta conexión te da la sensación de que eres llevado por el círculo perpetuo de la naturaleza, que es más poderoso de lo que te puedes imaginar.

Si tu Mujer Interior está presente en este jardín, entonces eres consciente de que hay leyes terrenales que te brindan apoyo y estabilidad si las sigues; por ejemplo, ésta: sólo con una acción decidida alcanzarás tu objetivo.

Si no las cumples, te resultará difícil realizar tus visiones y sueños en la Tierra. No estamos hablando de las leyes escritas por los seres humanos, sino de las leyes de un orden rítmico y natural, como el las mareas altas y bajas o el cambio de las estaciones. Eres consciente de que este orden natural funciona y que tiene una gran influencia en tu vida. Si no lo cumples, te sientes inseguro y tienes la justificada sensación de que tus asuntos están sobre pies de barro en lugar de estar sobre un sólido suelo rocoso.

En este jardín puedes distinguir entre las cosas significantes e insignificantes para tu vida y descubrir las cosas que te importan. Reconocerás en qué ámbitos de la vida deberías sentar unas bases sólidas y en cuáles ya estás consolidado. En este jardín, tu Mujer Interior es una maestra estricta que te insta a buscar la claridad y a no ser ambiguo. No se deja engañar por nada, sino que opina sobre tu vida sin poder ser sobornada y te dice lo que es esencial y verdaderamente importante para ti y para tu vida. Por ejemplo, te dice que te ocupes de tu vocación, aunque tengas miedo de fracasar, en vez de quedarte en tu zona de confort y de fregar los suelos con demasiada frecuencia hasta que queden relucientes o en vez de ocuparte de otros excesivamente. No te permite ninguna distracción ni ilusión, sino que se asegura de que te dediques a lograr a tus objetivos sin descanso y en pequeños pasos.

Esta Mujer Interior no necesita ni comodidad ni lujo para sentirse segura. Esta seguridad le viene, por ejemplo y hablando metafóricamente, del hecho de que sabe cómo preparar una buena comida de los pocos restos que quedan en la nevera. Te regala perseverancia, aunque tu camino a veces esté lleno de obstáculos. Puedes contar con esta Mujer Interior. Escucharla también significa que tienes que llevar a cabo tareas que detestas si sirven para la causa que es importante para ti, incluso si te da miedo. Te da la fuerza para hacerlo: de manera pragmática y paso a paso. Si la escuchas, ella te regalará una profunda confianza en la vida misma y en tus decisiones. Hace que te vuelvas independiente y libre, porque te transmite que tú llevas dentro de ti las fuerzas que son importantes para la vida.

Durante el siguiente viaje interior, aprenderás el poder del jardín y entenderás cómo te puede ayudar la Mujer Interior allí.

Viaje interior

En tu imaginación, atraviesa una puerta. Un camino te guía por otra puerta hasta el jardín rocoso. Dejas que la tranquilidad y la claridad que reinan aquí te acaricien. Un camino de arena te guía hacia un círculo de piedras en medio del jardín.

Te detienes ante el círculo de piedra porque intuyes que no puedes entrar dentro así como así; es demasiado poderoso. De repente surge una pregunta dentro de ti que ya hace tiempo que te estás haciendo respecto a tu vida, tus relaciones, tu vocación u otras cosas. Ahora también te das cuenta de que tu Mujer Interior está aquí. Está en una de las piedras grandes que forman el círculo. Está vestida completamente de negro o de blanco, y sientes que esta ropa en este jardín es la más apropiada.

Te da la mano. «Cuando estés preparado», dice, «vamos juntos al centro del círculo. Vas a sentir las corrientes de todas las épocas y a saber intuitivamente qué es lo fundamental para ti en cada época». Le tomas la mano y la paz fluye a través de ti. Entráis juntos en el círculo.

La corriente de las épocas se apodera de ti. Todo lo que en verdad no es fundamental para ti se desprende de ti: tu impaciencia para con lo que aún está por madurar, al igual que tu indecisión, titubeo y aplazamiento con relación a lo que quiere ser realizado en estos momentos. Te mantienes completamente en el *Ahora* y sabes de manera intuitiva qué es importante para ti hoy y qué no lo es. Estás en perfecta armonía con tu corriente natural de las épocas. Ahora sabes qué quiere verse realizado a través de ti. Esto responde a la pregunta con la que has entrado en el círculo de piedra a tu plena satisfacción.

«La vida misma siembra las plantas de este jardín, y yo las guardo», dice la Mujer Interior. «Este jardín está al servicio de tu claridad y de tu concentración en lo que es esencial hoy. Siempre está aquí. Aquí se planta todo lo que es fundamentalmente importante para tu vida y para llevar a cabo tus tareas. A veces puede ser incómodo visitarlo, y entonces puede ser especialmente importante para ti. Te das cuenta de que no tienes control sobre lo que crece aquí y eso es muy bueno y te da confianza y apoyo. «No tienes por qué saber lo que necesitas de este jardín», dice tu Mujer Interior. «Se plantó aquí cuando naciste. Acude a mí siempre que necesites claridad. El círculo de piedra te dirá cuál es la respuesta correcta: "dejar ir" o "resistir"».

Tranquilizado, vuelves por la puerta al espacio donde te encuentras físicamente. Tú sabes que estás unido con la fuerza que está vigente desde el origen de los tiempos, con lo que tú eres una parte del gran Todo.

Puede ser que sientas que la fuerza en el centro del círculo de piedra sea muy fuerte y que la experimentes como si fuera un tornado. Eso está bien así. Esta corriente del tiempo arranca de ti todo lo que ha sobrevivido y ya ha terminado, y hace que fluya en tu vida todo lo que quiere venir de nuevo.

Las siguientes preguntas te ayudarán a utilizar aún mejor para ti el poder del jardín de piedras:

- ¿En qué ámbitos de tu vida necesitas más claridad y un suelo firme bajo tus pies?
- ¿Cómo te puede ayudar tu Mujer Interior a alcanzar esta claridad?
- ¿Cómo te podría intentar ayudar el jardín rocoso interior a distinguir entre lo que es esencial y lo que no lo es?

- ¿Estás dispuesto a aceptar que también tú debes asumir tareas que no te gustan para poder poner en práctica tus sueños y tener éxito?, ¿qué te ayudaría a lograrlo?
- ¿Qué tal si te das cuenta de que algunas de tus ideas de las cosas que puedes y no puedes hacer no se ajustan a la verdad interior, sino que vienen de experiencias y miedos obsoletos?
- Las leyes interiores que tú sigues nacen quizás del miedo a no ser amado cuando eres sincero y auténtico. ¿Qué tal si volvieras otra vez al jardín rocoso, te sentases en una de las piedras para pensar y dejaras que tu Mujer Interior te diera pautas útiles en relación contigo mismo y con tu vida?
- Una de las leyes de la corriente del tiempo establece que tú cosechas lo que siembras. Si lo supieras, ¿qué cosecharás los próximos años de lo que has sembrado hoy?, ¿es esto lo que quieres cosechar?

No tienes por qué saber todas las respuestas al mismo tiempo. Deja que las preguntas hagan efecto en ti. Las respuestas llegarán en el momento oportuno.

El jardín de hierbas del orden interior de (Virgo)

Ten algo preparado para escribir para que puedas anotar tus impulsos.

EJERCICIO DE IMAGINACIÓN

Imagínate que entras en un jardín de hierbas exuberante y bellamente ajardinado. La menta, el romero y la salvia florecen con sus matices violeta más oscuros y más claros dentro de grandes macetas. Las rosas más hermosas desprenden su aroma en arriates donde están rodeadas de diferentes tipos de lavanda. Sientes que aquí es donde las plantas están mejor cuidadas. Reciben exactamente lo que necesitan para poder desarrollar su poder curativo y su belleza.

Te sientes como en un jardín de un monasterio antiquísimo que te regala tranquilidad, relajación y una sensación muy agradable de un orden interior. Los arriates están colocados de manera que cada hierba tiene la ubicación óptima para desarrollarse de manera ideal. Está arraigada en la tierra adecuada, recibe la cantidad exacta y correcta de agua y sol, tiene unas hierbas como vecinas que la apoyan y la cuidan de la mejor manera posible. Este jardín puede que incluso esté organizado según los principios del fengshui, si esto tiene algún significado para ti. En este jardín, tu Mujer Interior conoce los ritmos de la naturaleza. Ella siembra, corta y cosecha en cada fase de la Luna idónea y está perfectamente en armonía con el auténtico orden natural. En este jardín te das cuenta de que tu Mujer Interior conoce tus ritmos interiores y que sabe perfectamente cuándo ha llegado la hora de dormir, de comer, de estar activo y de esperar. Conoce tu orden interior como si fueras una de sus hierbas y adapta tu vida, si se lo permites, de una manera ideal para ti.

Si tu Mujer Interior está presente en este jardín, entonces te sentirás en armonía con tu ritmo interior y con lo que es correcto para ti. Como en ningún otro jardín interior, tu Mujer Interior conoce muy bien las circunstancias ideales para tu salud y tus proyectos. Puede ser que cuando la sigas, des la sensación de ser un poco perfeccionista y meticuloso, pero esta meticulosidad sirve para que todo esté realmente en su sitio, donde pueda resaltar mejor y por eso pueda crecer y prosperar.

Tu Mujer Interior conoce el orden intrínseco de todas las cosas y te sugiere que sigas este orden en vez de distraerte de la necesidad de actuar rápidamente o de agilizar algo que necesita más tiempo a causa del miedo. Sabe que para ti existe un equilibrio ideal entre el trabajo y la vida y que te sientes como en casa cuando puedes seguir libremente tu propio ritmo y tu propia verdad. Conoce los poderes curativos de la naturaleza y sabe cómo aprovecharlos para crecer y prosperar de la mejor manera posible.

Al igual que ella pone una hierba que crece en países calurosos y secos en un lugar soleado y en tierra arenosa de su jardín, en lugar de escoger un lugar con sombra y barro, también sabe qué circunstancias exteriores y emocionales necesitas para poder desarrollarte. Te muestra a través de tu intuición qué necesitas, y harías bien en seguirla.

Te devuelve a tu orden natural interior cuando tienes demasiado de una cosa y demasiado poco de la otra en tu vida, por ejemplo, si comes demasiado, duermes demasiado poco, etcétera.

En este jardín es especialmente importante para ti que sigas tu verdad interior y tu código de honor. Esto significa que hagas lo que sea compatible con tu parecer sobre lo que es justo o injusto, sin que sea importante cómo se vea desde fuera. Tú puedes ser más estricto en términos morales que muchas otras personas, pero también puedes ser más relajado o más liberal. Lo esencial es que sigas tu propio parecer sobre qué es la dignidad y la verdad, y que asumas las consecuencias.

En el siguiente viaje, tu Mujer Interior te guía a un lugar muy especial de este jardín. Allí se puede ver con claridad cómo todas las cosas crecen en armonía y por eso prosperan especialmente bien.

Viaje interior

En tu imaginación, atraviesa una puerta. Después de la puerta encontrarás un camino mágico que te guiará al jardín del orden interior. Entras en este jardín a través de otra puerta y te encuentras en un jardín de hierbas aromático y exuberante.

Tu Mujer Interior te saluda y te dices que vayas con ella. Vas detrás de ella, y cuanto más caminas, tanto más claro y ordenado te sientes por dentro. El camino os lleva hasta el centro del jardín, y te detienes fascinado.

Delante de ti hay una colina plantada con hierbas. Un camino estrecho en espiral te guía hacia arriba. «Esto es una espiral de hierbas», dice tu Mujer Interior, y ves que aquí se plantaron con mucho esmero rosas, hierbas aromáticas y otras plantas curativas. «Cada planta recibe exactamente lo que necesita. Hay diferentes tipos de tierras, y en cada sitio la luz del sol y de la Luna cae de una manera muy específica sobre cada planta. De este modo, cada una de las plantas puede desarrollar todo su poder curativo, sus esencias, sus flores y sus plantas. Me aseguro de que todas reciban justo lo que necesitan, y sólo esto. Las cultivo aquí de manera biológicamente adecuada», añade, y tu sonríes. Esto tiene buena pinta, piensas, y te gustaría mantenerte a ti mismo también un poco acorde a la especie a la que perteneces.

Subes por el camino en espiral y ves las plantas en su perfección, verdes, perfumadas y en flor. Sientes que porque están idealmente nutridas, pueden llevar su poder etéreo e incluso espiritual a la perfección. Percibes a través de la satisfacción literalmente palpable de las plantas cómo es recibir lo que uno necesita en vez de tener que conformarse con un sucedáneo o tener que vivir con carencias.

Eres cada vez más consciente de los ámbitos de la vida en los que has plantado tus peticiones, deseos y necesidades en una tierra que no te sirve. Notas qué objetivos reciben demasiada luz o demasiado poco de tu atención, y dentro de ti se forma el deseo de entregarle tus asuntos a tu Mujer Interior. Apenas has tenido estos pensamientos, ella ya señala una segunda colina. Ahí también hay un camino en forma de espiral hacia arriba, pero desde lo lejos ves que allí hay muchas plantas secas y otras que lo cubren todo. «Esta espiral está esperando a que le arranquen las malas hierbas y a ser plantada de nuevo», dice tu Mujer Interior, «pero eso sólo lo puedo hacer si me lo permites. Dame qué tiene que crecer allí y lo voy a poner en la tierra ideal en el momento más adecuado. Voy a cuidarlo bien, puedes confiar en mí. Arrancaré lo que tú debes soltar». Sientes que haces bien en confiar tus deseos a tu Mujer Interior. También sabes que haciéndolo tendrás que soltar algunos de tus deseos.

Le das la cesta que llevas contigo. Sabes que tu Mujer Interior sacará todo lo que pertenece a este jardín y lo pondrá exactamente en el sitio correcto en el momento más adecuado. Con este saber y una nueva predisposición para darle a todas las cosas el tiempo que necesitan para madurar, vuelves por donde has venido y atraviesas la puerta por la que has llegado.

En este jardín aprendes a seguir tu propio ritmo para estar sano y ser feliz. Tú sigues tus leyes interiores y lo que es correcto y que consideras bueno para ti. Sabes que te sientes mejor si tienes en cuenta tus necesidades y encuentras tu propio equilibrio, sin importar lo que los demás exijan de ti.

Las siguientes preguntas te ayudarán a integrar tu orden natural e individual en tu vida:

- ¿Cómo podrías organizar tu vida según tu propio ritmo de una manera aún mejor?
- Aunque no conozcas aún este ritmo, ¿qué temes que ocurra si te sigues más a ti mismo y menos a los demás?, ¿qué pasaría si tus temores fueran infundados?
- Si tuvieras más libertad de la que crees tener en tu vida, ¿a qué ritmo organizarías tu vida?, ¿cómo podrías proporcionarte más libertad?
- Si no tuvieras que cambiarlo hoy, ¿podrías reconocer si no estás siguiendo tu propio código de honor en determinados ámbitos de la vida? Es decir, ¿estás haciendo cosas que no son las adecuadas?
- ¿Te imaginas que te estás llevando a una situación de desequilibrio con eso? En caso afirmativo, ¿qué necesitas para volver a vivir en equilibrio?
- Supongamos que hay algo así como un equilibrio ideal en tu vida, ¿cómo sería tu vida en este caso?
- ¿Qué tal si supieras cómo podrías hacer más realidad tu propio ritmo y tu propio equilibrio?

No tienes por qué saber todas las respuestas ahora mismo. Deja que las preguntas hagan efecto en tu interior. Las respuestas llegarán en el momento oportuno.

El jardín de la abundancia sensual (Tauro)

Ten algo preparado para escribir de modo que puedas anotar tus impulsos.

EJERCICIO DE IMAGINACIÓN

Imagínate que entras en un jardín que parece un país de Jauja. Tus flores favoritas despiden un aroma muy agradable y florecen abundantemente. Los árboles y los arbustos están llenos de frutas como manzanas, frambuesas, peras y cerezas. Unos acogedores bancos, unas tumbonas y una hamaca invitan a descansar. En este jardín puedes experimentar la abundancia que la Tierra te regala, en todo su esplendor. En una hermosísima cocina de jardín equipada según tus gustos, tu Mujer Interior está cocinando y horneando todo lo que te gusta comer.

La abundancia indomable e inagotable de la naturaleza te permite respirar con alivio. No necesitas hacer nada; ya está todo allí. Puedes aceptar y disfrutar la abundancia y la belleza de la vida sin condiciones. Tu cuerpo puede descansar y sentirse nutrido, relajado y seguro. Puedes sacar fuerzas en medio del esplendor de este jardín y experimentar lo que es sentirse completamente seguro en la Tierra.

Siempre que tu Mujer Interior se encuentra en casa en este jardín, entonces eres capaz de aceptar lo que te regala la vida. Puedes entregarte al disfrute. Disfrutar significa dejar que algo haga efecto en ti de forma positiva, asimilarlo, dejar que tus sentidos se conmuevan y sentirte bien al hacerlo, sin culpa, sin querer devolver algo de inmediato, sino con toda tranquilidad y minuciosidad. Sabes que todo lo que necesitas para ti es incondicional y está presente en abundancia si te abres a ello. Puedes relajarte para usar los descansos que se dan durante tu vida cotidiana y te permites disfrutarlos. Te entregas a las cosas dulces de la vida cuando se te ofrecen, ya sea comiendo, teniendo sexo, al llevar ropa elegante, o con todas las otras cosas que te hacen sentir bien. Puedes permitirte el lujo y gozarlo, no como un símbolo de estatus o por la típica actitud altiva del que piensa que uno se lo merece, sino simplemente porque sí, porque es algo natural y que forma parte de la vida.

Sentirse completamente bien, aceptar para uno mismo la belleza y la plenitud de la vida y alegrarse por la vida corporal en la Tierra, verlo como un valioso regalo y celebrarlo como corresponde: esto lo podrás vivir cuando tu Mujer Interior se encuentre como en casa en este jardín.

Especialmente para las personas muy ocupadas, este jardín supone un gran desafío. Quizás te asuste pensar que no querrás salir más de este jardín una vez hayas entrado en él. Esto sólo es una prueba de lo grande que es tu necesidad de descanso y disfrute, y de qué importante puede ser para ti que te dejes nutrir en este jardín de la abundancia por este motivo.

El siguiente viaje interior te llevará a un lugar especial de este jardín y te abrirá a la entrega a todo lo que te hace sentir bien.

Viaje interior

En tu imaginación, atraviesa una puerta. Un camino detrás de la puerta te lleva al jardín de la abundancia y del gozo. Tu Mujer Interior te saluda en la entrada del jardín.

«Quítate todo lo que te pesa y que te impide relajarte», dice, y te das cuenta de que acarreas contigo una larga lista con todas las cosas que aún debes hacer. En este momento, esa lista pesa bastante, y se la entregas a tu Mujer Interior. «Aquí no la necesitas», dice, «te la devolveré cuando vuelvas a salir del jardín».

Aliviado y ya liberado de algunas cosas, la sigues hasta su jardín, que te recuerda a tu país de Jauja personal. Todo lo que te permite descansar y te nutre de un modo terrenal lo encontrarás aquí. Mientras vais deambulando tranquilamente por el jardín, vas descubriendo nuevos lugares encantadores en los que puedes sentarte cómodamente y descansar. Tu Mujer Interior te ha preparado tu plato favorito y ahora te lo está sirviendo en un lugar especialmente agradable. Te sientas y disfrutas de lo que te ofrece. Hace mucho tiempo que no te sentías tan cuidado y cómodo, piensas. Notas que te vas relajando cada vez más y que ahora sí te sientes realmente como en casa en este jardín tan rico.

«Estás preparado», dice tu Mujer Interior y te indica que vayas con ella. No quieres ni siquiera levantarte de lo agradablemente pesado que te has vuelto, pero la sigues. Te guía hasta el centro del jardín. Aquí han preparado un lugar para darte un masaje. Una tumbona que parece increíblemente cómoda está en el lugar más bonito que te puedes imaginar. Las flores son aromáticas, sopla una ligera brisa y tienes la sensación de estar en el mejor lugar del mundo. En este mundo interior todo es posible, y también puede estar en una playa cerca del mar. «Puedes quitártelo todo si quieres», dice tu Mujer Interior, y eso te resulta muy fácil. Aparecen dos encantadores seres naturales femeninos. «Estos dos seres conocen como nadie los flujos de energía de tu cuerpo», dice tu Mujer Interior. «Confía en ellos. Saben qué necesitas para que tu energía vital sensual pueda volver a fluir libremente».

Te echas en la tumbona y te relajas en el acto como nunca antes lo habías hecho. Los dos seres naturales femeninos te untan con ternura aceite tibio por todo el cuerpo. En los puntos donde sientes sus manos, algo se abre en ti. Parece como si te desprendieras de todas las cosas tensas y hostiles al placer. Te estiras cómodamente y suspiras. Nunca antes has experimentado que una caricia pueda nutrir de una manera tan incondicional. No tienes que hacer nada, sólo tienes que tomar lo que te dan los dos seres. «Te estamos devolviendo la capacidad de entregarte al disfrute», dice uno de los seres, cuya voz es una de las más amorosas que has oído nunca, y te relajas aún más profundamente. El masaje dura todo el tiempo que quieras. Te entregas cada vez más a la maravillosa sensación de ser tocado y acariciado y dejas que esta experiencia te nutra. Sientes que tus células se llenan de la ternura que te dan estos dos seres.

Al cabo de un rato, sientes que estás completamente lleno con la ternura y el calor de estos dos seres naturales. «Puedes contar siempre con nosotras. Vivimos en este jardín, y nuestra tarea es llenarte de vitalidad y de ternura», dicen las dos al mismo tiempo. Les das las gracias muy relajado y sintiéndote rico y tranquilo en tu interior. Te vistes y tu Mujer Interior te guía por el camino. «Te devuelvo la lista de las cosas que tienes pendientes», dice, y se ríe. «Vuelve pronto», añade, y te acaricia en la mejilla. Asientes con la cabeza. Tomas la lista y notas que se ha vuelto notablemente más ligera. Relajado, vuelves por la puerta al espacio donde te encuentras físicamente.

En este jardín aprendes a entregarte al disfrute corporal y sensual, a dejarte nutrir por él y a relajarte. Te das cuenta de que tu cuerpo es un ser independiente que tiene un sentido para la sensualidad y para las experiencias voluptuosas. Tu cuerpo sabe lo que le sienta bien. Le gusta experimentar y dar placer. Cuanto más alegremente estés presente con tu conciencia en el cuerpo, más te beneficiarás de este ser sensual.

Las siguientes preguntas te ayudarán a integrar mejor esta experiencia del disfrute en tu vida cotidiana:

- ¿Eres consciente de lo que significa para ti el verdadero disfrute en lugar de una gratificación rápida?
- ¿Cómo podrías abrirte en tu vida cotidiana para tener más momentos placenteros? ¿Qué pasaría si escribieras en tu lista de tareas pendientes más momentos de relajación y disfrute?
- ¿Puede ser que lo que tu cuerpo desea para él mismo es lo que das a otras personas abundantemente, es decir, que cuidas de ellas y las mimas en vez de estar presente aquí para ti mismo?
- En caso de que sea así, ¿cómo puedes asegurarte de que no sólo nutras a otras personas, sino que seas igual de amoroso contigo mismo?
- ¿Qué tal si el cuerpo supiera exactamente qué es lo que le sienta bien y qué no? Supongamos que éste

es realmente el caso, ¿qué necesitas para seguir su sabiduría?

- ¿Qué cambiaría si siguieras la aspiración sensual de obtener placer de tu cuerpo?
- ¿Qué cambiará en tu vida cuando pongas en primer lugar el factor de disfrute de una actividad o una ocupación?

Tómate tu tiempo para las respuestas. Si no las sabes, no pasa nada. Las preguntas por sí solas ya producen un cambio de conciencia.

Estar en contacto

con tu Mujer Interior

es como una

reunión de amigas

o amigos

contigo mismo

El mundo de tus poderes espirituales en los jardines del aire

El poder espiritual es volátil y rápido, y por eso no es fácil imaginárselo como algo terrenal, por ejemplo, un jardín. Los jardines del poder espiritual son muy sugerentes, alegres y luminosos. Aquí crecen flores y hierbas que nos tranquilizan con su aroma e inspiran nuestra fantasía. Las mariposas, los colibrís y otras delicadas criaturas del aire transmiten ligereza y la sensación de una libertad interior. En los jardines del aire se trata de que seas consciente de tu libertad espiritual y que no pongas más trabas a tu propio desarrollo con convicciones que ya hace tiempo que están pasadas de moda. La libertad intelectual y los destellos de inspiración, la facilidad en la comunicación, así como la paz y la armonía espiritual son los temas que la Mujer Interior guarda y te tiene preparados en los tres jardines del aire.

El jardín de la visión de la libertad creativa (Acuario)

Ten algo preparado para escribir para que puedas anotar tus impulsos.

EJERCICIO DE IMAGINACIÓN

Imagínate que entras en un jardín en el que están floreciendo las flores más raras e interesantes, con sus aromas. Paseas por el jardín y te sientes como si estuvieras en un planeta extranjero, por su disposición tan inusual y creativa. El jardín se diseñó expresamente para darte un espacio de libertar y para tus ideas y visiones más atrevidas. Aquí encontrarás todo lo que te inspira y que te da la sensación de inmensidad.

En los estanques relucientes florecen los nenúfares más extraordinarios. Unos bancos de peces plateados hacen que el agua parezca plata líquida. Las libélulas de un verde turquesa brillante revolotean alrededor de las flores. En el centro del jardín hay un invernadero donde crecen siempre nuevas plantas. Aquí le puedes entregar a tu Mujer Interior, metafóricamente hablando, tus ideas y ocurrencias en forma de semillas. En caso de que sea necesario, las cruzará con otras plantas ya existentes para sacar lo mejor de todas.

En este jardín te sientes liberado y renovado intelectualmente. Aquí surgen cosas verdaderamente nuevas e innovadoras. Es como si Dios quisiera exhibir sus creaciones vegetales más emocionantes en este jardín, de modo que también a ti se te abre algo para la versión más libre de ti mismo. Todas las ideas de lo que es posible o no se pierden aquí en el torbellino de las ideas creativas. No tienen importancia, porque tú tienes la sensación de que en este jardín tú estás conectado con la fuente de la creatividad más pura.

Siempre que tu Mujer Interior se encuentra como en casa en este jardín, entonces eres capaz de aceptar tirar por la borda todas tus creencias si no te sirven, y estás abierto para ideas completamente nuevas para tu vida. En tu interior eres libre, y por eso entusiasmado por las soluciones nada convencionales. Para ti, la libertad interior es sagrada, y prefieres estar solo a dejarte coartar. «Mi vida, mis reglas» es tu credo positivo, y esto significa que te tomas la libertad de seguir a tus sentimientos y a tu conocimiento interior, es decir, a tu intuición, y te da igual lo que puedan pensar los demás.

Aquí, tu Mujer Interior crea realmente nuevas soluciones para ti. Conecta de una manera inteligente el saber y las experiencias que ya has hecho, añade inspiración, y entonces surge algo completamente nuevo. En este jardín estás interesado en tu propio desarrollo. Eres capaz de desprenderte de la versión anterior de ti mismo una y otra vez para desarrollarte y hacer que florezcan constantemente nuevos talentos y nuevas habilidades, tanto en tu interior como exteriormente.

El siguiente viaje interior te llevará a un lugar y te ayudará a saber qué posibilidades te brinda este jardín para ti y tu vida.

En tu imaginación, atraviesas una puerta. Un camino detrás de la puerta te lleva al jardín de la libertad interior. Todo lo que hay en este jardín brilla con un tono metálico, y tiene un aspecto maravilloso. Notas que algo se abre en tu cabeza, y te sientes mucho más ligero al instante.

Tu Mujer Interior viene hacia ti. Va vestida con mucha imaginación y te pide que la acompañes. Te lleva por el jardín. De vez en cuando arranca plantas secas de los arriates. «Son antiguas creencias», dice. Mientras lo está haciendo, te desprendes de muchas cosas viejas. Notas cómo te vas volviendo mentalmente más libre y más ligero. De repente, los colibríes de color turquesa y plateados revolotean a tu alrededor. Os quedáis quietos y sientes cómo estos colibrís van sacudiendo las creencias antiguas y las limitaciones de tu mente con su aleteo rápido como un rayo. De pronto, sientes alegría y una libertad interior, como si todo fuera posible de una manera nueva.

«Ahora estás preparado para lo nuevo», dice tu Mujer Interior, y os detenéis delante de un edificio de cristal. Parece un cruce entre un observatorio astronómico y un invernadero. Entráis. Las flores más hermosas florecen aquí en unos arriates elevados, con colores como de otro mundo. «Todo esto son nuevas ideas para ti», dice la Mujer Interior sonriendo. Una columna de luz plateada brilla en el centro del edificio. Centellea, y ahora se forma lo que parece una pequeña estrella brillante. «Esto es semilla estelar», dice tu Mujer Interior. «Es una chispa de la inspiración que proviene de tu conciencia superior. Es como si fuera, si lo quieres llamar así, un destello de inspiración o bien una revelación». Se dirige a la columna de luz y toma la estrella brillante de la inspiración en la mano, donde se convierte en una semilla. Pone la semilla en uno de los arriates elevados arreglados para la ocasión.

«Aquí, el destello de inspiración puede madurar hasta convertirse en saber», dice, «y si me confías tus ideas, deseos y planes y lo permites, los voy a plantar aquí. La fuerza cósmica hará lo que le toque para brindarte nuevas y grandes ideas y soluciones. Pruébalo». Piensas en un tema que te viene a la mente en ese momento o en el que hace tiempo que estás trabajando. Como si fuera un milagro, una nueva estrella brillante aparece de repente en la columna de luz plateada. Tu Mujer Interior te toma de la mano y te lleva a la columna de luz.

«Toma la estrella», dice, y alcanzas la columna de luz. Sientes un agradable hormigueo en tu mano por tanta energía. Mantienes la mano abierta y la estrella baja lentamente hasta tu palma. «Ahora pon la mano en la cabeza», dice tu Mujer Interior. Levantas la mano como si quisieras peinarte el pelo. De repente es como si alrededor de tu pelo chisporroteara y se hiciera luz. «Si lo permites, ahora mismo o dentro de las próximas horas vas a tener nuevas ideas sobre tu tema», dice tu Mujer Interior. «Voy a recoger las inspiraciones cósmicas para ti, haré que florezcan y te las voy a regalar en forma de conocimiento o de oportunidades que se te van a presentar si estás abierto para ello». De pronto, te sientes completamente relajado. Tu Mujer Interior te entrega una hermosa orquídea muy poco común. «La solución de la libertad para tu viejo tema», dice sonriendo, y tú tomas la flor. Sabes que te va a inspirar nuevas ideas.

Feliz y con la cabeza clara y llena de nuevos pensamientos e ideas, abandonas el jardín y vuelves por la puerta al espacio donde te encuentras físicamente.

En este jardín te das cuenta de que en realidad eres un ser libre y creativo. Abandonas tus patrones de pensamiento tradicionales y permites que una inspiración cósmica te ayude. *Inspiratio* viene del latín y significa «animación». Así que la inspiración cósmica significa que de repente el saber de un orden superior te anima, te obsequia tu verdadera libertad interior y te concede nuevas percepciones e ideas.

Las siguientes preguntas te ayudarán a que seas aún más consciente de tu libertad interior:

- ¿Qué más sería posible en tu vida si supieras que en realidad eres un ser libre y creativo?

- ¿Cómo podrías recordar aún más que eres libre internamente y que por eso puedes hacer lo que quieras siempre que estés dispuesto a asumir las consecuencias?
- ¿De qué creencias y convicciones podrías desprenderte si supieras cómo hacerlo, para sentirte cada vez más libre?
- Si supieras que puedes desprenderte de estas convicciones, ¿cómo lo harías?
- Imagínate que hay una solución creativa para un tema que te interesa y estudias desde hace mucho tiempo ya, y tú supieras esta solución. ¿Cuál sería?
- La libertad la obtendrás en el momento en que estés dispuesto a asumir las consecuencias de tus actos. ¿Qué necesitas para tomarte tú mismo la libertad de hacer lo que quieres hacer realmente?
- Suponiendo que esto no tuviera consecuencias negativas para ti, ¿qué es lo que más te gustaría hacer si fueras completamente libre?

No tienes por qué saber todas las respuestas ahora mismo. Deja que las preguntas hagan efecto en ti. Provocan que una nueva conciencia madure gradualmente dentro de ti.

El jardín de las mariposas de la alegre inocencia (Géminis)

Ten algo preparado para escribir para que puedas anotar tus impulsos.

EJERCICIO DE IMAGINACIÓN

Imagínate que entras en un jardín con tanto colorido y ajardinado de manera tan natural que parece que invite a celebrar una fiesta de verano al aire libre. En vez de césped, hay un prado de flores aromáticas. Los árboles en flor invitan a sentarse debajo de ellos. Algunos de los árboles tienen columpios para adultos, y en lugares especialmente acogedores encontrarás columpios de *Hollywood* y sillas de mimbre. Todo tiene un aspecto ligero y alegre, y el jardín está poblado por las más hermosas mariposas de color blanco y amarillo.

Este jardín hace que no puedas evitar una sonrisa. Aquí no hay espacio para nada pesado. Sólo importa tu ligereza y quizás incluso tu alegría infantil. Es el jardín ideal para encontrarse, charlar, reír y disfrutar con los amigos, libres de preocupaciones. Aquí no hay ningún rincón oscuro, ni espinas, rocas o plantas venenosas, sino que todo es tan liviano como parece.[10]

En este jardín puedes dejar atrás tus preocupaciones y bailar lleno de vitalidad y con la ligereza de una mariposa limonera. El jardín sirve para las conversaciones alegres, las risas, la comunicación, es volátil y estimulante como la fragancia de las flores. Sirve para transmitir buenas energías y expresar la simpatía y la conexión mutuas.

10. Para quien esté interesado en la astrología o para los expertos: en Géminis, como en todos los otros signos del zodíaco, también existe el aspecto oscuro y no solucionado, pero en este libro me gustaría concentrarme en las fuentes de energía.

Si tu Mujer Interior se encuentra como en casa en este jardín, entonces tú sabes cómo no perder el sentido del humor incluso en situaciones difíciles. Tu Mujer Interior te muestra cómo se pueden ver las cosas con facilidad cuando son difíciles, sin quedarse en la superficie. Esta ligereza te abre a nuevas soluciones porque podrás volver a pensar de manera más clara.

Tu Mujer Interior te va a recordar qué bien sienta estar con otras personas y pasárselo bien todos juntos en vez de revolcarse en los problemas. Te interesas por muchas cosas y siempre estás abierto a lo nuevo. Tienes un espíritu abierto y te alegras también de las cosas pequeñas. La vida en su diversidad te entusiasma, y te gusta dejarte distraer de tus preocupaciones.

La Mujer Interior de este jardín te regala alegría de vivir, porque sí, porque la vida en su belleza es una alegría. En este jardín te sientes más joven, más despreocupado, más ligero, y no te tomas las cosas demasiado en serio. Si le entregas a tu Mujer Interior las semillas de tus deseos, de tus sueños y también de los temas difíciles y los no resueltos aún, entonces en este jardín te verás liberado de todas las cargas que no son tuyas.

Si quieres experimentar la despreocupación de este jardín, utiliza el siguiente viaje interior.

Viaje interior

En tu imaginación, atraviesa una puerta. Un camino detrás de la puerta te lleva al jardín de las mariposas de la despreocupación. Ya caminando hacia allí, notas que te vas sintiendo más ligero.

Tu Mujer Interior te da la bienvenida en el jardín de las mariposas. Te quita una pesada mochila que tal vez no sabías que estabas llevando. Tienes la sensación de que con la mochila también te desprendes de los años, y de repente te sientes mucho más joven y libre de toda preocupación. «En este jardín puedes experimentar tu Yo más ligero y alegre», dice tu Mujer Interior, y te das cuenta del tiempo que llevas añorando una versión despreocupada de ti mismo. Vais por unos prados exuberantes hasta llegar a un árbol del que cuelga un columpio robusto. Tu Mujer Interior te invita a columpiarte y aceptas de buen gusto la invitación. Te dejas empujar como un niño, y puedes soltar más cargas.

Ahora seguís caminando hasta el centro del jardín. Las mariposas os acompañan. Llegáis a un prado tan colorido que te parece que estás en un jardín de cuentos. Unos seres parecidos a las mariposas bailan en torno a las flores. Los observas con atención y te das cuenta de que son elfos. «Éste es el prado mágico de la despreocupación», dice tu Mujer Interior. «Aquí puedes transformarte y convertirte en tu Yo más ligero y feliz. Aquí puedes jugar como un niño, sin preocupaciones, convertirte en un elfo ligero como una pluma o simplemente sentarte en el prado y relajarte. No necesitas saber cómo es tu Yo más ligero. Permítete sólo transformarte».

Entras en el prado mágico y, en efecto, sientes que te transformas en tu yo más ligero. Toda la pesadez se desprende definitivamente de ti, todas las experiencias dolorosas y los pensamientos llenos de preocupaciones desaparecen como por milagro. Te convertirás en un elfo que baila con las mariposas y con los demás elfos, en el niño feliz al que le gusta jugar con elfos, o bien te relajarás como nunca en el prado. Te dejas llevar y cautivar por los aromas increíblemente agradables de las flores. Los colores radiantes de los pétalos de las flores fluyen directamente a tu corazón y lo abren.

En tu forma más ligera, ahora estás disfrutando este momento en el prado de flores. Es sorprendente, piensas, cómo puedes sentirte tan libre de preocupaciones, aunque en tu vida exterior no haya cambiado nada. Tu Mujer Interior te sonríe. «En este prado puedes contemplar todos los temas que ocupan tu mente, en la dulzura del aroma de las flores y en la ligereza de los elfos. Pruébalo». Piensas en un tema que te importa. Quizás sientes que te vuelves más pesado, pero las flores intensifican al instante su aroma y su brillo. Las mariposas coloridas giran alrededor de tu cabeza y ahuyentan los pensamientos pesados. «¿Qué haría tu Yo más alegre?», te susurra un elfo al oído. Te surge una respuesta. Te parece simple y coherente. «Este prado mágico te da la fuerza para hacer con ligereza y belleza lo que te gustaría poner en práctica», musita el elfo, y tú sientes cómo se va extendiendo una nueva confianza en tu propia vitalidad y creatividad en todo tu cuerpo.

Conmovido por la posibilidad de ver las cosas con mayor ligereza y, por ello, de poder ser creativo, te vuelves a transformar en tu Yo original. Relajado y animado, te despides de tu Mujer Interior y vuelves por la puerta al espacio donde te encuentras físicamente.

En este jardín aprendes que en ti vive un ser libre de preocupaciones que no se deja impresionar ni desconcertar por las circunstancias exteriores. Tu ligereza es inherente en ti. Es una fuerza de la que dispones de manera natural. Ahora que has sentido cómo es tener un Yo alegre, puedes desprenderte de las preocupaciones que puedas tener. Te volverías una persona superficial si no te dedicas constantemente a tu tema con toda seriedad. Has visto que tú también puedes columpiarte alguna vez y que se te permite convertirte alguna vez en un elfo, y sobre todo que puedes hacerlo.

Las siguientes preguntas te ayudarán a integrar la fuerza del jardín en tu vida cotidiana y a hacer tu vida más fácil:

- ¿Cómo podrías hacer que tu vida cotidiana fuera más fácil, por ejemplo, dándote alguna alegría a ti mismo más a menudo?
- ¿Cuál sería, por ejemplo, una alegría tal que te daría la sensación de que tu vida puede ser aún más variada y alegre?
- Suponiendo que sabes la respuesta, aunque creas que no la sabes, ¿cómo haces que tu vida sea más difícil de lo que debería ser?

- Aunque tal vez no seas capaz de ponerlo en práctica, ¿qué te ayudaría a sentir tu vida más ligera y libre de preocupaciones que hoy?
- Si a pesar de todo pudieras poner en práctica lo que haría que tu vida fuera más libre de preocupaciones, ¿cómo podrías hacerlo?
- Si te sienta bien estar un rato en tu jardín interior de mariposas, que te invita a hacer una fiesta, ¿cómo podrías vivir esta ligereza también en tu exterior, quizás incluso con otras personas?
- Tu Yo más alegre y desenfadado tiene mucho poder creativo que le gusta compartir con los demás. ¿De qué manera podrías desplegar aún más esta creatividad?

No tienes por qué saber todas las respuestas ahora mismo. Sólo tienes que permitir que las preguntas hagan efecto en ti. Hacen que una nueva conciencia madure gradualmente dentro de ti.

El jardín simétrico del equilibrio interior (Libra)

Ten algo preparado para escribir para que puedas anotar tus impulsos.

EJERCICIO DE IMAGINACIÓN

Imagínate que entras en un jardín diseñado con colores pastel y armoniosos. Un camino sembrado de arena brillante te guía por el jardín. Este jardín es completamente simétrico. Tanto a la izquierda como a la derecha ves fuentes, arriates de rosas y unos pequeños arroyos sinuosos que serpentean entre unos adornos hechos de madera de boj perfectamente tallados. Tus flores favoritas están plantadas a la izquierda y a la derecha como si fueran mandalas en arriates redondos y armonizan entre ellas del modo más bello posible.

Mientras andas por el camino, sientes que hay algo que se compensa dentro de ti, porque ves siempre lo mismo tanto a la izquierda como a la derecha. Si te giras de manera que los arriates y los parterres ornamentales bellamente dispuestos estén delante y detrás de ti, entonces tu frente y tu espalda también se compensan. Tus pensamientos se vuelven cada vez más tranquilos y claros, porque tus dos hemisferios cerebrales armonizan. También tu cuerpo se relaja en medio de esta armonía plantada y dispuesta cuidadosamente. Te sientes tranquilo y satisfecho mientras vas paseando. Respiras hondamente. La armonía del jardín te regala una paz profunda y la sensación de un orden interior.

Si tu Mujer Interior está presente en este jardín diseñado como un jardín de palacio barroco, entonces te proporciona el equilibrio interior y hace que tu mundo interior concuerde de una manera armónica y pacífica con tu mundo exterior. Te mantiene en un equilibrio sano entre la actividad contigo mismo y con tu entorno, entre tu lado masculino y femenino, entre tu Niño Interior juguetón y el adulto cumplidor.

Pero ella puede más. Gracias a la terapia craneosacral sabemos que las personas (como también los animales) tenemos una línea central, una fuerza ordenadora y organizadora, que mostró su influencia por primera vez cuando las células se ordenaron en el seno materno para formar una concentración de la que luego se formó nuestra columna vertebral. La fuerza creadora que hizo que a partir del grupo celular caótico que éramos al principio se formara nuestra línea central repercute en toda nuestra vida. La fuerza de la línea central no solamente organiza nuestra capacidad de andar erguidos, sino que tiene una gran influencia en nuestra firmeza general en la vida.

Cuando nuestra Mujer Interior es eficaz en este jardín, entonces fortalece y apoya nuestra línea central proporcionando simetría y armonía en todos los ámbitos de la vida.

El siguiente viaje interior te llevará al centro de este jardín y te ayudará a experimentar las posibilidades que te brinda para ti y para tu vida.

Viaje interior

En tu imaginación, atraviesa una puerta. Un camino detrás de la puerta te lleva al jardín de la simetría y armonía. Mientras caminas, ya sientes que este lugar te va a regalar paz.

Ahora atraviesas un arco de rosas blancas. Tu Mujer Interior te da la bienvenida detrás de la puerta. Pasea lentamente delante de ti para que tengas tiempo de abrirte a la belleza de este lugar. De vez en cuando te detienes. A la izquierda y a la derecha ves lo mismo: unos exuberantes arriates plantados a modo de adorno con delicadas flores de colores pastel, prados de césped meticulosamente cuidados con islas de flores, acogedores lugares ordenadamente dispuestos para descansar y disfrutar. Las fuentes artísticas animan tus sentidos. Te relajas y sientes que ya has llegado a tu centro.

Mientras vas paseando por este reconfortante paisaje de jardín, tomas conciencia de los ámbitos vitales en los que tu vida exterior ya no se corresponde con tu mundo interior. Te vienen a la mente ideas de lo que necesitas para crear un equilibrio de belleza y armonía entre el interior y el exterior. Te das cuenta de que una armonía entre el cuerpo y el alma, entre las exigencias exteriores y las necesidades interiores, es importante, y tomas conciencia de que hasta ahora tal vez te hayas decantando por funcionar por fuera en vez de llevar a la práctica tus visiones interiores de la vida.

Te relajas y te sientes cada vez más en paz mientras vas paseando detrás de tu Mujer Interior. Ella, que en este jardín parece etérea y delicada como un hada, te lleva hasta el centro del jardín. Aquí hay cuatro árboles en una formación cuadrada perfecta y que forman un lugar de poder. En el centro del lugar de poder hay un gran símbolo del yin y del yang de musgo verde claro y oscuro. Justo encima de este símbolo de la armonía eterna, hay una hamaca redonda extendida entre los árboles. Tu Mujer Interior te invita a tumbarte en la hamaca, y lo haces.

En la hamaca redonda tienes la sensación de que estás flotando, y tu cuerpo se relaja como nunca antes. Tu Mujer Interior te acaricia suavemente en diferentes puntos de tu cuerpo. Te sientes muy seguro y protegido. La fuerza del centro, el equilibrio y la armonización fluyen a través de tu columna vertebral. Puedes sentir literalmente cómo se forma tu línea central con más claridad que nunca. La hamaca te proporciona un soporte elástico y puedes participar plenamente en la sensación de volver a nacer. Todo dentro de ti vuelve a su equilibrio ideal y a un orden armonioso para ti. El calor fluye a través de tu columna vertebral. Disfrutas de las suaves caricias y puede que incluso te quedes dormido.

Al cabo de un rato, te despiertas y te sientes mucho más centrado que nunca. Bajas de la hamaca y vuelves a estar sobre tierra firme. Disfruta de la belleza de este jardín tanto tiempo como quieras. Luego, cuando estés listo, vuelve a tu tiempo a través de la puerta al lugar donde te encuentras físicamente.

Este jardín interior te ayuda a mantener el equilibrio entre dar y recibir. Si le entregas las semillas a tu Mujer Interior para que las plante en este jardín, te hará saber si tu proyecto es propicio para tu equilibrio interior y exterior.

¿Qué significa eso? Supongamos que quieres ayudar a alguien. Tu semilla es lo que le quieres dar a la otra persona. Tu Mujer Interior planta tu disposición para ayudar a un lado del

jardín. Por ejemplo, si la persona a la que ayudas te manifiesta aprecio y gratitud, entonces ella pondrá esta gratitud en forma de semilla en la tierra en el otro lado, y se restablecerá la simetría.

O bien imagina que prestas un servicio. La semilla es este servicio. Si la otra persona te da una cantidad proporcional a cambio, el jardín sigue siendo simétrico; si no, se produce un desequilibrio. Tu Mujer Interior lo sabe y te lo comunicará. Tu instinto y tu presentimiento te dicen qué es adecuado en este caso si ella se siente como en casa en este jardín y si la escuchas.

Las siguientes preguntas te ayudan a utilizar para tu vida la sabiduría de tu Mujer Interior en este jardín:

- ¿Cómo podrías confiar aún más en tu sentido del equilibrio entre dar y recibir, en vez de explotarte a ti mismo?
- Suponiendo que lo sabes, ¿qué puede ayudarte a encontrar un equilibrio aún más saludable entre el trabajo y la tranquilidad?
- ¿Cómo podrías descubrir lo que te da más paz interior?
- Si supieras cómo hacerlo, ¿qué harías o dejarías de hacer para permitirte a ti mismo aún más armonía en tu vida?
- El jardín simétrico te ayuda a fortalecer tu línea central. ¿Qué podrías hacer en adelante para ti mismo para alcanzar aún más tu centro? ¿Cómo sería si tu Mujer Interior lo supiera y te lo dijera a través de tu intuición?
- ¿Cómo podrías poner en práctica lo que te ayuda a fortalecer tu centro aún más en tu vida?

- ¿Cómo sería si pudieras darte cuenta de que la calidad de tu paz interior no es ningún fruto del azar, sino la consecuencia de tus decisiones?, ¿qué harías diferente en este caso?

No tienes por qué saber todas las respuestas ahora mismo. Deja que las preguntas hagan efecto en ti, porque activan ciertas partes del cerebro. Las respuestas te llegarán en el momento adecuado.

Tu fuerza femenina

es un sí a todo

lo que necesita la

vida

para poder prosperar.

Incluso si ésto

te supone un esfuerzo

El mundo de tu energía y pasión en los jardines del fuego

El elemento fuego simboliza el entusiasmo y el ímpetu con el que te implicas en una cosa. Representa la energía y la pasión con la que das todo de ti por las cosas importantes para ti. El fuego es la fuerza interior que te impele, que te sirve como estímulo y que permite que lleves a la práctica lo que quieres.

Tener mucho fuego, sin embargo, no significa que también tengas la perseverancia para hacer realidad tus ideas a largo plazo. Pero sin fuego ni siquiera empiezas. Del mismo modo que los helechos y el bambú atraviesan el hormigón sin inmutarse porque quieren crecer y vivir, tu poder de fuego interior actúa así si se lo permites. El fuego interior hace posible que tú mismo te asegures de que obtendrás lo que quieres. Al hacerlo, tu voluntad puede concentrarse tanto en objetivos personales como globales. Ambas cosas son igualmente importantes.

Tu fuego quema de manera estable dentro de ti si lo alimentas con una madera valiosa que contenga mucha energía de la tierra y del agua, es decir, recursos materiales y emocionales. En cambio, si lo alimentas con paja, se desvanece rápidamente y no serás capaz de enardecer de manera permanente tus asuntos con fuerza de voluntad y alegría. La paja pertenece más bien al elemento aéreo, es decir, al ámbito de tus ideas y concepciones, que contienen poca tierra (recurso físico) y agua (fuerza emocional). En los tres jardines del fuego, conocerás tu capacidad de imponerte, tu amor propio y la fuerza luminosa de tu inspiración.

El jardín del esplendor de la autoestima radiante (Leo)

Ten algo preparado para escribir para que puedas anotar tus impulsos.

EJERCICIO DE IMAGINACIÓN

Imagínate que entras en un jardín que florece con los colores más hermosos. Sea cual sea tu color favorito, este jardín hace que brille de la manera más maravillosa posible. En este jardín, tu Mujer Interior es una reina. Está bellamente vestida, y sabe que es la monarca de su reino.

Paseas por el jardín y ves que en todas partes crecen y prosperan tus flores, tu fruta y tu verdura favoritas. Es como si este jardín fuera tu cámara del tesoro personal, y así es en realidad. Enseguida te sientes mucho mejor e importante en el buen sentido. Es como si alguien hubiera mirado dentro de tu cabeza y hubiera transformado tus ideas más ricas y fabulosas en un jardín. En este jardín, encuentras en los rincones más bellos cómodos sillones y divanes en los que puedes dejarte hundir. Eres atendido del modo más exquisito si tienes hambre, puedes sentirte como si fueras la persona más importante del mundo. Sólo mereces lo mejor. Este jardín te lo refleja, y notas cómo te vas volviendo cada vez más valioso.

Un camino sembrado de arena dorada te lleva por este jardín, en el que parece que todo crece sólo para complacerte a ti. Una hamaca de terciopelo y de seda te invita a descansar. Cuando te tumbas en ella, te das cuenta de repente que puedes saber si te aprecias a ti mismo o no. En este jardín te sientes generoso porque eres muy rico, y ésta es una sensación magnífica.

Si tu Mujer Interior está presente en este jardín, entonces tú cuidas de tu bienestar de un modo muy bueno. Sabes que eres una persona valiosa, de cuyas dotes el mundo puede regocijarse. En este jardín, tu Mujer Interior es la reina en su propio reino, y ella sabe que puede reinarlo y que también debe hacerlo. Tiene el cetro en la mano y es capaz de tomar decisiones por el bienestar de todo el mundo, incluido el tuyo. Te está diciendo que tú sólo mereces lo mejor porque tú también das todo lo mejor de ti.

En este jardín eres visto, reconocido y tratado como el ser más valioso que tú eres. Tu Mujer Interior no quiere manifestarte más que su estima y te recuerda a cada segundo que eres un regalo de la vida, para ti mismo y para los demás. Encuentras el valor de mostrarte con lo que sabes hacer, porque reconoces lo valiosas que son tus dotes.

Si le entregas a tu Mujer Interior las semillas y los esquejes de tus deseos, sueños e ideas y ella los planta en este jardín, entonces se convertirán en las plantas espléndidas que sólo ellas pueden llegar a ser. Tu Mujer Interior las nutrirá con amor y aprecio, y por eso te resultará fácil compartir tus dotes con el mundo. Si le entregas las semillas de tus defectos y del desprecio hacia ti mismo, entonces tu Mujer Interior no las plantará en este jardín. Te las va a devolver y te dirá que puedes eliminar las semillas de estas concepciones negativas sobre ti mismo y tu vida, y que deberías hacerlo.

Para que puedas experimentar el efecto y el poder de este jardín de forma aún más intensa, realiza el siguiente viaje interior.

Viaje interior

En tu imaginación, atraviesa una puerta. Un camino detrás de la puerta te lleva al jardín de tu amor propio. Entras en el jardín y estás deslumbrado por la abundancia y el esplendor de las flores y los frutos.

Tu Mujer Interior viene hacia ti. Está vestida como una reina y te da una manzana. «Esta manzana simboliza tu fertilidad, tu riqueza, tu belleza y tu poder. La forma redonda de la manzana representa tu perfección; su delicioso sabor, tu sensualidad y tu atracción sexual».

Tomas la manzana y te sientes de inmediato más poderoso y sensual que antes. Piensas en un globo imperial, la insignia de un rey o de una reina que gobierna su reino. Seguís andando por el jardín y admiras su lujo. «Todo esto es para ti», dice tu Mujer Interior, «todo te pertenece y es el símbolo de tu riqueza interior, de tu belleza y grandeza». Parece que los colores y los aromas del jardín fluyen hacia ti y sientes que algo sano crece dentro de ti.

Ahora habéis llegado al centro del jardín. Aquí hay unos arriates de flores especialmente resplandeciente. En una plaza redondo sembrada con arena dorada y brillante hay un trono dorado. Tiene un tapizado blando y parece exactamente como tú te imaginas un trono, sólo que es mucho más cómodo. Vas hacia el trono y sientes su poder. Al sentarte en este trono, te das cuenta de que ahora ya no puedes permitirte tratarte mal o permitir que otros te traten con desprecio. «Éste es el trono de la comprensión», dice tu Mujer Interior. «Cuando te sientas en él, percibes sin reservas el valor y el amor por ti mismo. Si quieres, pruébalo. Si no te sientas en tu trono, se quedará vacío, y nadie gobernará tu reino».

Sientes el valor y la voluntad de tomar asiento como mínimo por probarlo. Tu Mujer Interior te mira con los ojos radiantes y te da la mano. Te conduce al fastuoso trono dorado. Lo tocas y sientes al instante cómo una fuerza fluye a través de ti. De repente piensas que en esta plaza es imposible sentirte víctima. Te conviertes automáticamente en el creador de tu vida y puedes tomar buenas decisiones para ti y para otras personas. Te sientas en el trono dorado de la comprensión.

Enseguida cambia la manera en la que te ves a ti mismo. Puedes descubrir sin restricciones lo fuerte y poderoso que eres en realidad y qué fantásticos dones tienes. Ves todo lo que has conseguido ya, y sientes que mereces tratarte con cariño. Esto incluye prohibir a los demás que te traten irrespetuosamente. De repente, sabes que eres una persona muy valiosa y te hace feliz compartir tus dones con otros y deleitarlos con tu existencia.

Sientes que te vuelves más y más fuerte y seguro de ti mismo. «Ven aquí siempre que dudes de ti», dice tu Mujer Interior, «tu trono te está esperando». Con este conocimiento y tu nueva autoestima, puedes abandonar el jardín con toda confianza y volver atravesando la puerta al lugar donde te encuentras físicamente.

En este jardín adquieres el valor de sacar a la luz lo que tú eres en tu interior. Sientes que sólo por el mero hecho de existir puedes conmover y deleitar a otras personas. Aquí maduran los frutos de tu vocación y de tu destino, y te haces una idea de lo preciosos y valiosos que son en realidad.

Las siguientes preguntas te ayudarán a mejorar tu autoestima y con ello tu valor, para mostrarte de manera auténtica, también en la vida cotidiana.

- ¿Cómo puedes mostrarte todos los días a ti mismo que te consideras una persona valiosa y encantadora?
- ¿Qué podrías sacar aún más a la luz a partir de ahora si supieras que otras personas lo consideran algo valioso y enriquecedor?

- ¿Cómo podrías hacer más para asegurarte de que aprecias tus dotes y tus talentos como se merecen? ¿Cómo podrías dejar de quitarte valor?
- ¿Si de verdad fueras la reina o el rey de tu vida, qué es lo que de repente tendrías el valor de hacer? ¿Y si ya fueras ese rey o esa reina, simplemente porque se trata de tu vida?
- ¿Cómo te sentirías si estuvieras seguro de que ya eres la versión más valiosa de ti mismo y de que no tienes que mejorar nada de ti?
- ¿Cómo te tratarías si ya fueras la mejor versión de ti mismo?
- Si supieras que las personas se sienten afortunadas por lo que tú tienes que dar, ¿cómo usarías la confianza que te da este conocimiento?, ¿cómo podrías actuar de manera que fuera realmente así?

No tienes por qué saber todas las respuestas ahora mismo. La misma consideración sincera de estas preguntas libera nuevas posibilidades en tu conciencia.

El jardín selvático de la indómita voluntad de vivir (Aries)

Ten algo preparado para escribir para que puedas anotar tus impulsos.

EJERCICIO DE IMAGINACIÓN

Imagínate que estás en un jardín que parece una selva. Todo es tan verde y florece tan espléndidamente que este jardín no se puede domesticar ni darle forma. Lo que crece aquí encuentra siempre su camino. Pero lo que no forma parte de un vivo deseo tuyo no se podrá desarrollar aquí. Sientes la fuerza vital salvaje inherente a todas las plantas; sientes que no se dejan vencer y que utilizan cualquier posibilidad para prosperar.

Tú estás en medio de esta fuerza verde y original. Debes abrirte paso por el jardín, porque en todas partes brotan helechos, lianas y otras plantas. El hecho de que tengas que abrirte paso por el jardín es exactamente la fuerza especial que te exige el jardín y que te da al mismo tiempo. Debes tomar una decisión si la quieres cruzar, y debes emplear fuerza para atravesarla. Al hacerlo, incluso debes destruir brotes de diferentes plantas si se interponen en tu camino.

Tu Mujer Interior es una amazona libre en este jardín, tu guerrera, que intercede por todo lo que es sagrado e importante para ti sin concesiones. Sabe por qué cosas te desvives, y al igual que un helecho va perforando hasta el hormigón más duro, a través de ella crece en ti la capacidad de imponerte y la fuerza.

Si tu Mujer Interior se encuentra como en casa en este jardín, que parece una selva, entonces ella te regala una energía desenfrenada. Ella les da impulso a tus proyectos más íntimos y te anima a llevar a la práctica lo que quieres hacer sin tener en cuenta lo que pueda ocurrir. Con ella, la vida es una aventura. La Mujer Interior te ayuda a progresar y a alcanzar tus objetivos. Te ayuda a liberarte de las situaciones inflexibles y a atreverte con un nuevo comienzo, incluso cuando nadie te entiende. Te ayuda a actuar con autodeterminación e independencia de los demás y a sentirte bien por ello.

Puede ser que pienses que eres egoísta cuando te abres paso en la vida y haces lo que consideras que es correcto. Tu Mujer Interior te mostrará en este jardín que tu ánimo para seguir viviendo crece cuando te permites llevar a la práctica lo que te gusta hacer, incluso aunque otras personas no lo quieran. No quieres hacer daño a nadie, y tampoco deberías. La fuerza de tu Mujer Interior, sin embargo, te ayuda a perforar como si fuera un helecho tus propias estructuras incrustadas de pensamiento y comportamiento cuando te obstaculizan en tu camino. También te ayuda a enfrentarte a los demás cuando se interponen en tu camino sin justificación alguna.

El siguiente viaje interior te permite experimentar la fuerza del jardín de una manera muy especial.

Viaje interior

En tu imaginación, atraviesa una puerta. Un camino detrás de la puerta te lleva al jardín de la jungla de tu voluntad de vivir. Tu Mujer Interior ya te está esperando. Parece una fuerte amazona, tu guerrera favorita en la que puedes confiar. Sientes que está del lado de la vida sin ningún compromiso y que no acepta ninguna excusa que te has inventado porque tienes miedo.

Te confías a esta Mujer Interior. Va delante de ti y te abre el camino a través de la selva. Por todas partes crecen helechos y otras plantas verdes. Ves las flores de las magníficas orquídeas en lo alto de los árboles, y en todas ellas oyes zumbidos y murmullos. Sientes la indómita fuerza vital que se expresa a través de todas las plantas y te sientes mucho más vivo que nunca. Caminando a través de tu selva interior, te das cuenta de lo poderoso que eres en verdad y de lo mucho que esta fuerza quiere que la utilices en tu vida.

Tu Mujer Interior se detiene delante de una planta y corta una hoja con cuidado. «Mastícalo», dice, y lo haces. «La vida surge cuando la luz se transforma en materia», dice la Mujer Interior, «y exactamente esto es lo que ocurre en esta hoja. La clorofila convierte la luz solar en una energía disponible para la planta. La planta utiliza la energía para fabricar los nutrientes que necesita para crecer. Ven conmigo y experimenta este milagro por ti mismo».

Tú notas ya ahora mismo que algo muy especial para ti está ocurriendo en este jardín: tienes acceso directo a la fuerza vital más pura y primaria que existe. De repente, el camino que habéis estado recorriendo termina. Una luz verde y dorada atraviesa el enorme techo de hojas de árboles antiquísimos y cae sobre un lugar mágico. Es un claro bordeado de flores maravillosas. Una cascada reluciente transforma la luz verde y dorada en innumerables arcoíris. Este lugar rebosa de fuerza vital y de belleza y de repente te desprendes de todas las cosas viejas. Tu Mujer Interior te pide que te quites la ropa, y lo haces. De todas maneras, ya no te queda bien.

Ahora te guía hasta la cascada. Justo al lado del agua que cae de la cascada, hay una roca plana en la que puedes estar de pie o sentado con seguridad y comodidad. En este lugar, la espuma del agua que cae forma un radiante arcoíris. Te sientas en la roca. El agua que salpica te moja y te permite respirar profundamente. Los colores brillantes del arcoíris te inundan y hacen que las células de tu cuerpo brillen. Los miedos que tienes de la vida se disuelven en nada y la pura voluntad de vivir fluye a través de ti. De repente, todo lo que quieres hacer desde el corazón parece factible. «Aquí, conmigo, crece y prospera todo lo que realmente te apasiona», dice tu silvestre Mujer Interior. «Todo lo que sólo sirve para distraerte de lo esencial ni siquiera germina. Así que si quieres saber si el origen de algo es tu verdad más profunda o no, dámelo. Si crece aquí, entonces te pertenece y adquiere una fuerza desenfrenada y salvaje. Si no, déjalo ir».

Sientes la fuerza de la vida salvaje y pura en tu propio cuerpo y te sientes tan vivo como hacía mucho tiempo que no lo sentías. El fuego de tu energía fluye a través de ti, y sientes el valor en tu interior para empezar hoy con algo que hace tiempo llevas en tu corazón. «Voy a ayudarte», te dice tu Mujer Interior, y le das una semilla. La toma y la pone en uno de los arcoíris, que se ilumina.

«Que así sea», dice. «Puedes estar seguro de que este proyecto tendrá éxito». Eufórico y lleno de energía, ahora te vas de la roca. Te espera una nueva túnica creada con los radiantes colores del arcoíris. Te la pones y vuelves decidido y lleno de valor por la puerta al espacio donde te encuentras físicamente.

En este jardín sólo crecerá lo que surja de tu ser más íntimo y te pertenezca de verdad. Consigues la fuerza para poner en marcha lo que hay que hacer. De igual modo, reconoces qué semillas no se corresponden con los verdaderos deseos de tu corazón, aunque a veces te cueste reconocerlo.

Las siguientes preguntas te ayudarán a descubrir cómo puedes utilizar la fuerza del jardín de la selva aún mejor para las cosas que te apasionan:

- Si supieras que tendrías éxito, ¿qué es lo que más te gustaría hacer?
- ¿Qué te ayudaría a dar el primer paso en cuanto a lo que más deseas hacer?
- Tal vez ya hayas tenido experiencias negativas con respecto a los asuntos más importantes e íntimos para ti que te están frenando. ¿Qué tal si hoy fueras una persona diferente a la de entonces y, por tanto, estuvieras dispuesto a vivir nuevas experiencias?
- ¿Cómo podrías permitirte abogar por ti mismo incluso contra la resistencia de los demás?
- ¿Qué te ayudaría a tener el valor de seguir adelante con lo que quieres, tanto contra tus propios miedos y dudas como contra los de los demás?
- Un pequeño retoño de helecho tiene tantas ganas de vivir que incluso puede perforar el hormigón. ¿Qué área de tu vida es tan importante para ti que

estás dispuesto a empezar de nuevo y a abrirte paso como un helecho a través de estructuras externas e internas anquilosadas?

- Si tu voluntad silvestre y salvaje de vivir estuviera a tu libre disposición, ¿qué otra cosa sería posible?

No necesitas encontrar respuestas hoy. Deja que las preguntas hagan efecto en ti y que vayan cambiando tu conciencia.

El jardín de pegaso de los objetivos superiores (Sagitario)

Ten algo preparado para escribir para que puedas anotar tus impulsos.

EJERCICIO DE IMAGINACIÓN

Imagínate que estás en un extenso y frondoso jardín en el que todo es más grande y más reluciente de lo nor-

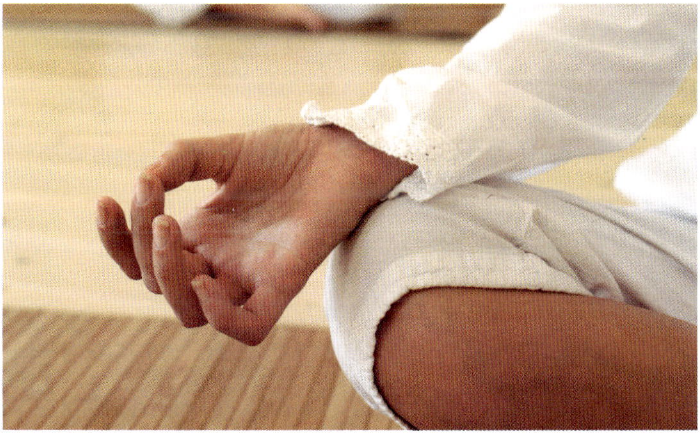

mal. No parece ser de este mundo, pero tú encuentras aquí plantas y flores terrenales. Cuando entras en este jardín, notas que aquí no se ha escatimado nada. ¿Por qué plantar sólo diez tulipanes cuando se puede plantar cien?, pensó la persona que creó este jardín, y así es como tú encuentras aquí una belleza a raudales. El jardín te da la sensación de que hay más que suficiente de todo, y que puedes pensar y planificar (y deberías) con generosidad.

Puedes respirar profundamente. En este jardín puedes plantar en la tierra tus ideas, deseos y sueños más atrevidos en forma de esquejes y hacer que crezcan y se hagan fuertes. Cualquier idea, por muy visionaria que sea, encontrará un espacio aquí. De hecho, cuanto más visionaria sea, tanto mejor encaja en este jardín. Sientes que este jardín interior te da una fuerza que a veces pierdes: esperanza.

Aquí el fracaso no existe. Tu Mujer Interior tiene preparado un elixir mágico de crecimiento para las plantas que crecen aquí. Las nutre con la confianza de un buen resultado. En este jardín gigantesco también se pueden hacer grandes preguntas, por ejemplo: «¿Qué más es posible si el poder y la buena voluntad de toda la creación están a mi disposición?, ¿cómo puedo hacer que mis objetivos coincidan con los de la creación para encontrar sentido a mi vida?»

Si tu Mujer Interior se encuentra como en casa en este jardín, entonces tú sabes qué quieres y cómo conseguirlo. Es un jardín muy especial, porque aquí vive una criatura mítica. Tu Mujer Interior la conoce muy bien y tiene permiso para utilizar sus habilidades para ti. Esta criatura mítica te ayuda a perseguir objetivos elevados y a poner tu fuerza al servicio de un objetivo superior, ya sea social, espiritual, político o, por ejemplo, al servicio de una organización humanitaria.

Imagina por un momento que tu energía, tu determinación y tu voluntad son como una flecha que lanzas para alcanzar un objetivo determinado. Imagínate además que este objetivo coincide con una voluntad superior y que, por tanto, atrae a la flecha como si fuera magnética. Tu Mujer Interior te muestra en este jardín cómo puedes dar sentido a tu vida eligiendo sabiamente tus objetivos. Apoya las intenciones de tu corazón gracias a un optimismo sin límites, la confianza y la acción decidida y con un propósito concreto.

El siguiente viaje interior te conducirá a ese ser vivo de este jardín, que te ayudará a alcanzar incluso tus mayores objetivos íntimos. ¿Y quién podría llevarte a tus objetivos mejor sino un fogoso Pegaso?

Viaje interior

En tu imaginación, atraviesa una puerta. Un camino detrás de la puerta te lleva al jardín de tus objetivos más elevados. Tu Mujer Interior te está esperando y está muy contenta de verte. «Tenemos cosas que hacer», dice ella, y tú te muestras impaciente.

Paseáis por el hermoso jardín en el que todo parece ser más grande y animado de lo normal. Los colores brillan con más fuerza, las flores huelen más fuertemente, y tú te das cuenta de que tienes mucha más fuerza vital de lo normal. «En este jardín cuido a un ser muy especial», dice tu Mujer Interior. «Vive aquí por su propia voluntad y te da su fuerza para que puedas alcanzar tus objetivos más elevados sin esfuerzo si estás dispuesto a entregarte completamente a estos objetivos. Su función es que puedas alcanzar tus sueños más atrevidos. Para ello, no tienes que hacer nada más que desprenderte de todo lo que te hace más pequeño de lo que eres». Continuáis caminando por el jardín y te sientes cada vez más atraído por el centro del jardín.

«¿Sientes la atracción?», te pregunta la Mujer Interior mientras seguís caminando. «Así funcionan los objetivos en este jardín. Los objetivos correctos, los que sirven a la creación, atraen su realización y su logro mágicamente». Te preguntas quizás cómo puedes saber qué sirve a la creación y qué no, pero de alguna manera en este jardín lo sabes de forma milagrosa. Las plantas luminosas que emanan su fuerza vital te dan un claro compás interior para lo que es realmente importante. Seguís por el jardín, y ahora llegáis a su centro.

En un prado lleno de flores, se encuentra el animal más hermoso que jamás hayas visto. Es un caballo de fuego, pero no, ¡tiene alas! Te das cuenta de que es un Pegaso. El Pegaso se acerca a ti y olfatea cuidadosamente tu mano con sus suaves fosas nasales. Acaricias su brillante pelaje y te sientes abrumado por la fuerza y la dulzura que irradia. Miras a sus grandes y claros ojos y te conmueve hasta la médula. «Voy a llevarte al cumplimiento de tus objetivos», oyes de repente al Pegaso dentro de tu cabeza. «Para ti no hay nada más que hacer salvo confiar en mí incondicionalmente. Supero todos los obstáculos y hago por ti lo que tú no puedes hacer por ti mismo. Hago milagros». Tu Mujer Interior asiente.

El Pegaso se pone al lado de un tocón de árbol que le llega a la altura de las rodillas para que puedas subirte fácilmente a su lomo. Es más fácil de lo que piensas. Ahora estás sentado en el lomo del caballo alado. Puedes agarrarte a su melena y sentirte completamente seguro.

«Piensa en tu objetivo más íntimo», oyes la voz del Pegaso en tu cabeza. Tu Mujer Interior está de acuerdo. «Hay que ser valiente para admitir los propios deseos más íntimos», dice, y de repente te acuerdas de algo que es muy importante para ti. «¿Preparado?», te pregunta el Pegaso, y sabes que este ser milagroso sabe si estás realmente preparado o si aún dudas. «Estoy preparado», te oyes decir, y sabes que esto se refiere a la entrega incondicional a tu objetivo. Ahora el Pegaso surca los cielos y te lleva a tu destino. Disfruta del embriagador vuelo y alégrate.

Permite que la parte que es llevada por el Pegaso a su destino continúe volando hasta que haya llegado a su destino, y al mismo tiempo regresa a través de la puerta al espacio en el que te encuentras físicamente.

Puede resultar un poco extraño que una parte de ti siga viajando con el Pegaso incluso después del viaje interior. Pero tú eres un ser muy complejo, y no todas tus partes internas, independientemente de cómo las llamemos, tienen los mismos objetivos. El Niño Interior, por ejemplo, necesita seguridad; la parte que sigue su vocación necesita inspiración y éxito; y así sucesivamente. Por lo tanto, permite que la acción que ha expresado el deseo más íntimo sea llevada hacia su cumplimiento. El objetivo más íntimo atrae al Pegaso hacia sí con esta parte de ti. Como animal de poder, el Pegaso puede seguir esta llamada de todo corazón y sin vacilar.

Las siguientes preguntas te ayudarán a integrar la fuerza de este jardín en tu vida:

- Si realmente existiera un Pegaso que te pudiera llevar a tus objetivos, ¿qué necesitarías para confiar en él?
- Si supieras cómo poder realizarlo, ¿qué objetivo íntimo te tomarías más en serio?
- Si supieras que incluso la vida tiene necesidad de tus deseos más íntimos para prosperar, ¿qué significaría esto para tus planes a largo plazo?
- ¿Cómo podrías diferenciar si simplemente te gustaría tener algo o si se trata de un objetivo superior que te apasiona de verdad?
- ¿Qué áreas de tu vida están esperando a ser realizadas y cómo podrías confiarlas a tu Mujer Interior para que pueda aplicar el elixir de crecimiento «optimismo»?
- Este jardín tiene que ver con objetivos superiores. ¿Cómo podrías abrirte aún más para que tus objetivos sean tan grandes como los sueñas realmente, aunque los demás piensen que no son realistas?
- ¿Qué necesitas para permitirte a ti mismo que estos objetivos y visiones más elevados se mantengan a tu alcance y que sigas aspirando a ellos, aunque todavía no sepas cómo conseguirlo?

No tienes por qué saber todas las respuestas ahora mismo. La misma voluntad de hacerte estas preguntas pone en marcha un proceso de conciencia.

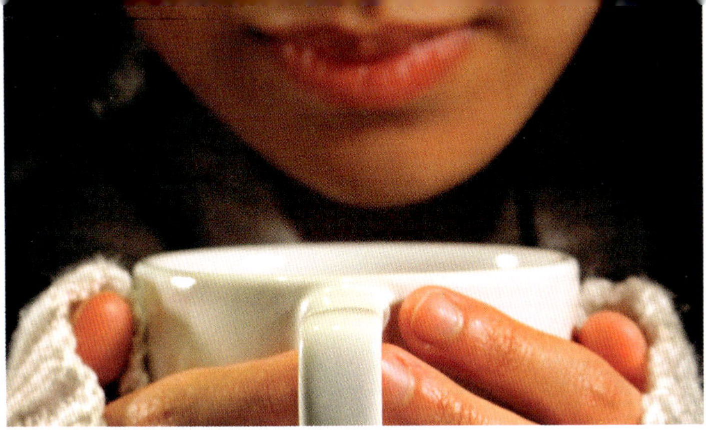

Epílogo

¿Qué pasaría en la Tierra si depositáramos nuestra confianza en la Mujer Interior y le pidiéramos que actuara como si fuera un poder superior que puede regular la vida en la Tierra? Porque tal vez eso es exactamente lo que es ella.

Espero de todo corazón haber podido conmoverte y recordarte de la mejor manera posible el poder que habita dentro de ti. Ha sido un placer poder mostrarte los diferentes jardines interiores. Todos juntos forman un gran conjunto, el espacio de tu Mujer Interior. Utilízalos de la manera que te convenga mejor en ese momento y deja todo lo demás fuera. Si lo deseas, mira en qué signo del zodíaco se encuentra Venus en tu horóscopo. El jardín interior correspondiente podría tener impulsos y poderes especialmente importantes para ti.

Respeto con amor el espacio que tú cuidas.
Susanne

Acerca de la autora

Susanne Hühn es fisioterapeuta con un título estatal alemán, ponente de cursos de formación y autora. Está especializada en la enseñanza de la inteligencia emocional y la libertad interior con la ayuda de una relación afectiva y protectora del Adulto Interior con el Niño Interior. Enseña a sus lectores y a los participantes en sus cursos cómo convertirse en un ser humano verdaderamente amoroso, libre e independiente. Su método, sobre el que ha escrito numerosos libros y meditaciones, se basa en la autocompasión activa aplicada conscientemente como el elemento más importante. Muchas clínicas trabajan con sus libros y los recomiendan a sus pacientes.

www.susannehuehn.de

Muchísimas gracias

Índice

¿Sabes de dónde viene la leyenda de que los gatos tienen siete vidas? ¿Y por qué «mamá» es una palabra comprendida en casi cualquier idioma? ¿Cómo comenzó la costumbre de besarse? ¿Realmente hubo una papisa? ¿Por qué el zapato de cristal de Cenicienta era tan importante para el príncipe?... Las respuestas a estas y otras incontables preguntas fascinantes están en esta enciclopedia feminista que no puedes dejar de leer.

Con veinticinco años de preparación, este libro único se centra en la mitología, la antropología, la religión y la sexualidad para descubrir precisamente lo que otras enciclopedias omiten o tergiversan. Un placer para los curiosos y una guía de consulta indispensable, la *Enciclopedia de los mitos y secretos de la mujer* presenta las historias poco conocidas detrás de los orígenes de las palabras, las situaciones y las costumbres; más de 1350 entradas sobre magia, brujería, hadas, elfos, gigantes, diosas, dioses y anomalías psicológicas tales como posesiones demoníacas; el significado místico del sol, la luna, la tierra, el mar, el tiempo y el espacio; ideas del alma, la reencarnación, la creación y el día del juicio final; posiciones antiguas y modernas con respecto al sexo, la prostitución, el romance, la violación, la guerra, la muerte, el pecado y mucho más.